tredition®

www.tredition.de

AF217674

Thomas Raiber

Auf einem Auge blind

**Wissenschaft und Glaube:
Als Physiker im Vatikan.
Zweite erweiterte Auflage**

www.tredition.de

Verlag und Druck: tredition GmbH, Halenreie 40-44, 22359 Hamburg

ISBN
Paperback: 978-3-7497-7661-0
Hardcover: 978-3-7497-7662-7
e-Book: 978-3-7497-7663-4

Für

Monika

Martin, Eva, Jutta, Klara und Jaron

Inhalt

Einleitung zur zweiten Auflage

Die Reaktionen der Leserinnen und Leser auf die erste Auflage meines kleinen Büchleins über Glaube und Vernunft war sehr überraschend. Es gab negative und positive Reaktionen. Vor allem Profis mit theologischer Ausbildung meinten im Buch sei recht wenig Neues enthalten und in ihrem theologischen Studium hätten sie alles irgendwie schon gehört. Doch bei den Profis gab es auch Ausnahmen, die dieses kleine Büchlein sogar als Lektüre ihren Studierenden empfehlen wollen.

Andere wiederum meinten, dass das Buch zu viel Kritik an der deutschen Kirche enthalten würde. Ich solle mich deshalb nicht wundern, wenn versucht werde, das Buch „klein zu reden".

Da die erste Auflage – ebenso wie diese zweite – in Rom im Vatikan geschrieben wurde, habe ich jeweils ein Exemplar meinen „Nachbarn" Papst Franziskus und Papst em. Benedikt zukommen lassen. Von beiden erhielt ich eine Rückmeldung! Bei Papst Franziskus war das Antwortschreiben allgemeiner Art. Überrascht war ich, dass mein Exemplar an Papst em. Benedikt von seinem Sekretär Erzbischof Georg Gänswein zumindest teilweise gelesen worden war. Ich erhielt ein zweiseitiges handgeschriebenes Dankschreiben mit den Worten: „...Eine erste Einsicht in diese Publikation verspricht aufschlussreiche und originelle Überlegungen und Beobachtungen. Und man merkt gleich, dass Sie vatikanische Luft „geschnappt" haben. Die tut gut und weitet Herz, Sinne und Horizont...". Diese Antwort hat mich gefreut, zeigt sie mir doch, dass die Kirche in Rom mit Anregungen viel gelassener umgeht als in meiner Heimatdiözese.

Bestimmt jedoch war das Buch vor allem für jene Menschen, die Glaube und Welt nicht mehr zusammenbringen können und die sich deshalb von der Kirche entfernt haben. Einen Personenkreis, dem ich in meinem Beruf an der Hochschule oft begegne.

Dass das Buch in diesen Kreisen gelesen und dann vielfach weitergegeben wurde, das hat mich sehr gefreut. Darzustellen, dass Glaube und Vernunft kein Widerspruch sind, dies ist Ziel dieses Buches.

Bei der Weihe des Diakons wird diesem das Evangelium überreicht mit den Worten: „Verkünde das Evangelium – was du verkündigst das glaube – was du glaubst das lebe." Diese Regel gilt für jeden Christen insbesonders für die Verkündiger des Glaubens: ihre Bischöfe, Priester, Diakone und pastoralen Mitarbeiter. Es ist dann eine Perversion des Glaubens, wenn nicht wenige dieser Personen Kinder und Jugendliche sexuell missbrauchen. Schon in der ersten Auflage wurde über den Missbrauch berichtet. Jetzt nach Abschluss einer ersten Studie musste dieses Kapitel leider überarbeitet und ergänzt werden. Ebenso das Kapitel über die Zukunft der deutschen Kirche, wo inzwischen eine Zukunftsprognose veröffentlicht wurde.

Ich wurde auch öfters gefragt, warum ich dieses Buch in Rom geschrieben habe. An der Technischen Hochschule Ulm lehre ich Physik und Strahlenmesstechnik. Dort an meinem Arbeitsplatz gilt die Logik der Mathematik und nur das Messbare und das Überprüfbare zählen. Gesucht habe ich einen Ort, wo die Maßstäbe des Glaubens angelegt werden. Ich wählte deshalb das Zentrum der katholischen Kirche: den Vatikan in Rom, wo ich in annähernd klösterlicher Gemeinschaft im „Campo Santo Teutonico" gleich neben dem Wohnsitz des Papstes „Santa Marta" leben und schreiben durfte.

In den vergangenen zwei Jahren sind einige meiner Abschnitte sehr aktuell geworden. So wurde die Endfassung der Studie des Missbrauchs Minderjähriger (MHG-Studie) vorgestellt. Diese neuen Zahlen habe ich jetzt eingearbeitet und einiges ergänzt. Auch sind neue Studien über die Zukunft der Kirche veröffentlicht worden. Als Folge des Missbrauchsskandals ist zudem die Frage nach der Diakonen-, Priesterweihe und auch der Bischofsweihe für Frauen in voller Schärfe ausgebrochen (Stichwort: Maria 2.0). Hier behalten die Anmerkungen der ersten Auflage ihre volle Gültigkeit.

Vatikan, Frühjahr 2019

Einleitung zur ersten Auflage

Wer an einer technischen Hochschule Unterricht in Physik und Strahlenmesstechnik erteilt und dazu noch einen kleinen Kernreaktor betreibt, der bleibt von Fragen nach den Folgen von Wissenschaft und Technik nicht verschont. Zeigte sich doch allein durch den Abwurf der Atombomben in Hiroshima und Nagasaki, welche schrecklichen Gefahren Wissenschaft und Technik mit sich bringen. Auf der anderen Seite wird radioaktive Strahlung mit großem Erfolg in der Medizin, in der Diagnostik und bei der Bekämpfung von Krebs eingesetzt. Bereits die meist emotionale Diskussion um den Schaden und Nutzen der Kernenergie mit Studierenden führt mitten hinein in das Problem: was soll und darf ein Wissenschaftler oder Ingenieur? Einer Frage, der sich nicht nur der Kerntechniker, sondern jeder Lehrende zu stellen hat.

Bis ins späte Mittelalter hat man diese Frage: „was soll und darf der Mensch und was ist das Ziel der Menschheit?" eindeutig dem Bereich Religion zugeordnet. Die Theologie und damit verbunden die Institution Kirche gab Leitlinien für das Handeln des Einzelnen und der Gesellschaft vor. Mit der Aufklärung hat die Kirche diesen Einfluss verloren. An ihrer Stelle versucht eine eigenständige Ethik, die ohne die Existenz eines Gottesbegriffs auskommt, für diese Fragen Leitlinien zu geben. Eine Ethik, die an technischen Universitäten aber meist ein Schattendasein fristet.

Nach der Vorlesung wartet ein Student auf mich. Er hat meinen Namen gegoogelt und dabei entdeckt, dass ich neben meinem Beruf an der Hochschule noch als katholischer Diakon ehrenamtlich in der Kirche mitarbeite. Schließlich traut er sich und fragt: „Wieso sind sie in der Kirche Diakon – ich habe gedacht als Physiker muss man doch ein vernünftiger Mensch sein?" Diese Frage macht erschreckend deutlich, wie weit die Kirche und mit ihr die Religion von vielen jungen Menschen entfernt ist; wie abgehoben und realitätsfern die Kirche von vielen empfunden wird und wie wenig Zuversicht und Kompetenz die christlichen Kirchen ausstrahlen.

Es ist ja nicht so, dass junge Menschen heute weniger religiös sind als früher. Wie immer schon stellen sie Fragen nach dem Woher und Wohin in ihrem Leben. Aber zur Kirche gehen sie mit ihren Fragen nicht mehr. Sie erwarten von ihr keine Hilfe. Auch die Kirche hat weitgehend den Kontakt zu jungen Menschen verloren und so werden diese mit ihren Fragen allein gelassen oder suchen sich woanders eine Antwort. Dass einige ihre Antworten bei christlichen oder islamistischen Extremisten finden, ist eine gefährliche Tatsache und macht die Frage nach der Religion noch aktueller.

Woran liegt es, dass die moderne Welt und Religion, dass Naturwissenschaft und Theologie für viele so unvereinbar erscheinen? Ist es nur ein Kommunikations- oder Propagandaproblem oder steckt mehr dahinter? Gibt es den Weg eines fruchtbringenden, gemeinsamen Miteinanders?

Diese Arbeit will diesen Fragen nachgehen und Anregungen geben. Sie erhebt nicht den Anspruch wissenschaftlich zu sein. Manches ist unvollkommen – vielleicht sogar fehlerhaft. Sie ist geschrieben für alle Menschen, die auf der Suche sind – auch für meine vier Kinder – in der Hoffnung, dass es mir gelingt zu zeigen, dass Wissen und Glaube kein Widerspruch sein müssen. Naturwissenschaft und Religionen müssen wieder zueinander finden, um gemeinsam Antworten zu finden. Die ethischen Fragen der Gegenwart sind so existenziell, dass die Scheuklappen und Vorurteile der letzten Jahrhunderte aufgegeben, Fehler eingestanden und Lösungen schnell gefunden werden müssen.

Vatikan, Frühjahr 2017

Um was geht es in Physik?

Will man den Konflikt zwischen den Naturwissenschaften und den Geisteswissenschaften verstehen, so muss zunächst geklärt werden, was die einzelnen Begriffe bedeuten und insbesondere, wie sie sich selbst verstehen. Bei den Naturwissenschaften beschränken wir uns zunächst auf die Physik, die zusammen mit der Mathematik die Grundlage für alle Naturwissenschaften ist.

Die eigentliche Physik beschränkt sich auf leblose Materie wie Sterne, Festkörper, Flüssigkeiten und Gase. Sie betrachtet diese Dinge unter einem ganz bestimmten Gesichtspunkt: sie müssen durch ein Messgerät (Meterstab, Waage, Thermometer, Voltmeter, ...) messbar sein. Dabei muss die jeweilige Messgröße (Länge, Masse, Temperatur, Spannung, ...) eindeutig definiert sein.

Über Dinge und Phänomene, die nicht definiert messbar sind, kann die Physik keine Aussage machen. Diese Feststellung ist sehr wichtig, sie bildet den Ausgangspunkt für alle weiteren Überlegungen. Hierbei darf die Aussage „nicht messbar" nicht verwechselt werden mit der Behauptung, dass etwas nicht existiert. Dies wird im alltäglichen Gebrauch oft falsch verstanden und entsprechend werden dann falsche Schlüsse gezogen. Nehmen wir als Beispiel die Erdstrahlen. Manche Menschen scheinen fähig zu sein mit Wünschelruten Wasseradern in der Erde aufzuspüren. Sie fühlen Strahlen, die durch diese Adern ausgehen. Existieren nun derartige Strahlen? Man ist als Physiker in Versuchung nein zu sagen, weil diese Strahlen nicht messbar sind. Aber die korrekte Sprechweise ist: ich kann als Naturwissenschaftler dazu keine Aussage machen! Erst wenn es mir gelingt eine Messmethode und ein Messgerät zu finden, das derartige Strahlen messen kann, erst dann kann ich mit dem Messgerät messen, ob Strahlen vorhanden sind oder nicht und dann erst ist eine physikalische Aussage möglich.

Nimmt man diese Definition der Physik ernst, dann wird klar, dass gerade die Themen, die um die Religion und Philosophie kreisen, außerhalb der physikalischen Realität liegen. Der theologische Begriff Gott ist ja gerade dadurch gekennzeichnet, dass er einen Urgrund außerhalb der physikalischen Zeit und des physikalischen Raumes bezeichnet. Gleiches gilt auch für andere Bereiche unseres Lebens, die zwar real existieren, aber physikalisch nicht messbar sind. So lassen sich zum Beispiel die Schönheit und damit auch der Wert eines Kunstwerkes nicht messen.

Wenn nun aber die Physik an sich so beschränkt ist, wie kann es dann zu einem Konflikt zwischen Physik und Religion, zwischen Technik und Geisteswissenschaften kommen?

Eine der Hauptursachen dürfte sein, dass das sich Beschränken auf das Messbare und das daraus folgende Vorgehen der Naturwissenschaften zu Erkenntnissen geführt haben, die unseren Alltag radikal verändert haben. Denken wir dabei an die vielen Entwicklungen in Bereichen wie Strom, Computer, Handy, TV, Auto, Kernkraft und vieles mehr. Diese zahlreichen Erfolge haben dazu geführt, dass die Vorgehensweise der Physik auch in weiteren Disziplinen wie der Chemie und Medizin, ja sogar in die Geisteswissenschaften, eingedrungen ist und dort die gängige Arbeitsweise ist.

Diesem grandiosen Erfolg konnte sich auch die Philosophie nicht verschließen. Im neuzeitlichen Materialismus gilt nur das als wahr und real und damit als existent, was auch messbar ist. Denken, Fühlen und Handeln wird als Folge von letztlich physikalischen Abläufen gesehen. Der Mensch verliert seine vermeintliche Freiheit und ein Gott, der als Schöpfer der Urgrund alles Seins ist, wird, da nicht messbar, zur Illusion und damit verzichtbar: Gott ist tot − und damit sind auch religiöse Fragen jeglicher Art für den so denkenden Menschen überflüssig.

Ist diese Aussage haltbar? Gibt es Alternativen? Ich glaube es lohnt sich, das so erfolgreiche Vorgehen der Physik einmal genauer anzuschauen.

Von der Beobachtung zur Maschine

Nehmen wir den bekannten Physiker Isaac Newton (1643–1727). Von ihm wird erzählt, dass er unter einem Baum lag und beobachtete, wie ein Apfel vom Baum fällt. Am Anfang seiner Vorgehensweise steht die Beobachtung. Newton sah weiter, dass auch Birnen und Blätter usw. zu Boden fallen. Er macht nun den zweiten physikalischen Schritt. Er behauptet: alles fällt auf den Boden. Stimmt das? Es folgen wieder Beobachtungen oder Messungen. Es gibt Widersprüche: Wolken fallen nicht nach unten? Warum aber steigt ein mit Helium gefüllter Ballon nach oben? Newton präzisiert seine Aussage: alles was schwer ist fällt auf die Erde. Und damit es dann passt, berücksichtigt er auch die Luft und den Auftrieb. Jetzt gibt es für ihn keinen Widerspruch mehr zwischen Beobachtung und Messung.

Als nächster Schritt kommt der kreativste und wichtigste Teil des Wissenschaftlers: Die Erklärung, warum das so ist. Gibt es ein Prinzip dem alles gehorcht? Noch präziser: gibt es eine „einfache" Erklärung – ein Modell? Und bei jedem Lösungsansatz gilt: Stimmt er mit den Beobachtungen überein? Newtons Vorschlag ist genial: Er betrachtet die Erde als einen Körper und den Apfel als einen Körper. Beide Körper ziehen sich gegenseitig an!

Jetzt bleibt noch die Frage zu klären, wie sich die Körper anziehen. Eine Formel muss her. Ohne Mathematik geht es nicht. Es ist schnell klar: Die Kraft F hängt von den Massen m_1 und m_2 der beiden Körper ab, die sich gegenseitig anziehen. Dazu spielt auch noch der Abstand r der beiden Körper eine Rolle – dies zeigen Messungen. Und zum Schluss steht die fertige Formel da, mit der sich die Anziehungskraft berechnen lässt und die allen Beobachtungen und Messungen standhält:

$$F = \gamma \cdot \frac{m_1 \cdot m_2}{r^2} \text{ mit } \gamma = \text{Gravitationskonstante.}$$

Mit dieser Formel lässt sich jetzt prima berechnen, wie ein Apfel auf die Erde fällt. Doch ob das Modell etwas taugt zeigt sich erst, wenn ich es weitgehender anwende: Auf die Anziehung von Mond und Erde oder von Sonne und Erde. Passt da alles? Kann ich mit der Formel bisher nicht Verstandenes erklären (z.b. Flut und Ebbe) und kann ich mit ihr vielleicht eine Maschine bauen, die mir die Arbeit und das Leben erleichtert?

Mit dem eben beschriebenen Modell der Gravitation von Newton wurden die Grundlagen geschaffen, um die Entdeckungen und Forschungen von Galilei (1564–1642) und Kepler (1571–1630) erklären zu können. Auch heute müssen sich Schüler und Ingenieure mit der Newtonschen Mechanik auseinandersetzen, um Bewegungen und Kräfte für technische Objekte wie Zahnräder oder Brücken und vieles mehr zu berechnen.

Ist die Sache mit dem Apfel nun endgültig geklärt? Wissen wir, warum und wie er nach unten fällt? Auf den ersten Blick scheint es so.

Es war der in Ulm geborene Physiker Albert Einstein (1879–1955), der ein erweitertes Modell vorstellte. Es ist nämlich so, dass die nach Newton errechneten Werte mit den gemessenen Werten bei sehr hohen Geschwindigkeiten (nahe der Lichtgeschwindigkeit) nicht mehr übereinstimmen. Hier versagt das von Newton entwickelte Modell. Eine neue Theorie musste her. Die Relativitätstheorie von Einstein konnte die Abweichung erklären und löste somit (bei hohen Geschwindigkeiten) die Newtonsche Mechanik ab. Wie sich herausstellte gelten auch im atomaren Bereich die Gesetze von Newton nicht mehr exakt. Hier muss man auf die Quantentheorie zurückgreifen.

Es ist für den Konflikt zwischen Physik und Theologie sehr wichtig, dass der Begriff des „Modells" in der Physik korrekt angewendet wird. Ein erster Konfliktpunkt zwischen Kirche und Physik entstand nämlich ganz am Anfang der modernen Physik, als Galilei, der Beobachtung und Messung als grundlegendes Prinzip postulierte, mit der Kirche in Konflikt geriet. Die Auseinandersetzungen um Galilei haben das Verhältnis von Kirche und Wissenschaft bis heute – wie ich glaube unnötig – vergiftet. Doch darüber später.

Zunächst bleibt festzuhalten, dass die Physik sich auf Dinge beschränkt, die messbar sind. Dass sie mit dieser Arbeitsvorgabe so erfolgreich war, bedeutet nicht, dass es keine Realität außerhalb des messbaren Bereichs geben kann. Nur kann dieser von der Physik nicht erfasst werden. Fast alle großen Physiker wie Einstein, Heisenberg, Bohr, Planck und Hawking haben dies so akzeptiert und sich oft intensiv mit religiösen Fragen beschäftigt.

Im Gegensatz dazu ist es oft so, dass besonders Personen, die in technischen Berufen in den angewandten Wissenschaften arbeiten, die Grenzen der Physik und damit auch die ihres eignen Bereichs nicht mehr sehen. Sie gehen davon aus, dass das physikalische Modell nicht nur eine Sichtweise ist und deshalb nur eine bestimmte Realität beschreibt, sondern dass das Modell einfach „die Realität" ist. Dass dies nicht korrekt ist, zeigt deutlich ein Versuch in der Physik aus dem Bereich der Optik.

Es ist für das Verständnis der Naturwissenschaft sehr wichtig, wie sie sich eigentlich versteht und welche Grenzen sie grundsätzlich hat. Nur so kann sie richtig eingeordnet werden. Ein kleiner Ausflug in die Physik kann hier anschaulich an einem Beispiel aufzeigen, was Physik ist und wo sie endet. Dieser Ausflug ist nur kurz und Formeln oder derartiges werden nicht vorkommen. Wer das gelesen hat, wird vielleicht eine neue Sichtweise darüber erlangt haben, was Realität in der Wissenschaft bedeutet.

Physik und Realität: Teilchen oder Welle?

Es gab nämlich über längere Zeit hinweg in der Optik einen Streit darüber, wie das Modell für Licht auszusehen hat. Verhält sich das Licht wie ein Teilchen (Photon) oder wie eine Welle? Zwei Modelle, die sich grundlegend unterscheiden. Welches Modell eignet sich besser um die Beobachtungen und die Versuche zu erklären?

Der Versuch mit einem Doppelspalt verhalf der Wellenoptik, die von Huygens (1629–1695) entwickelt worden war, zum Sieg! Wird im Doppelspaltexperiment ein Spalt (entweder Spalt 1 oder Spalt 2) abgedeckt, so ergibt sich hinter dem einzelnen Spalt das erwartete Signal (Abbildung 1).

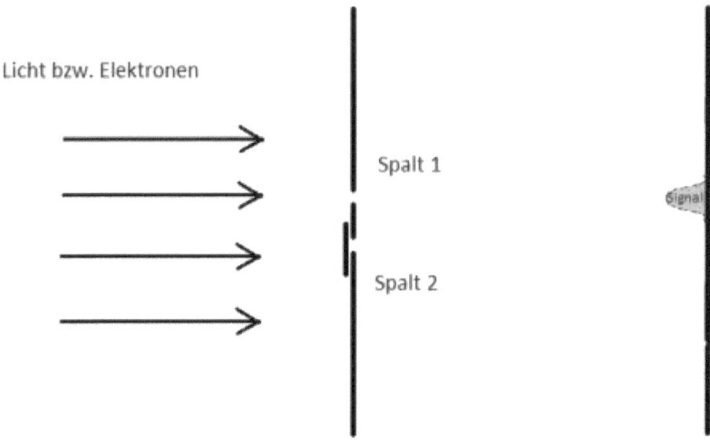

Abbildung 1: Spalt 2 ist abgedeckt.

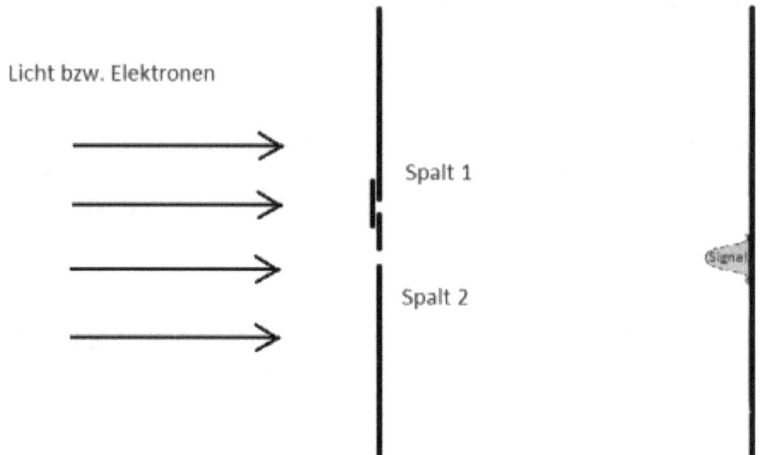

Abbildung 2: Spalt 1 ist abgedeckt

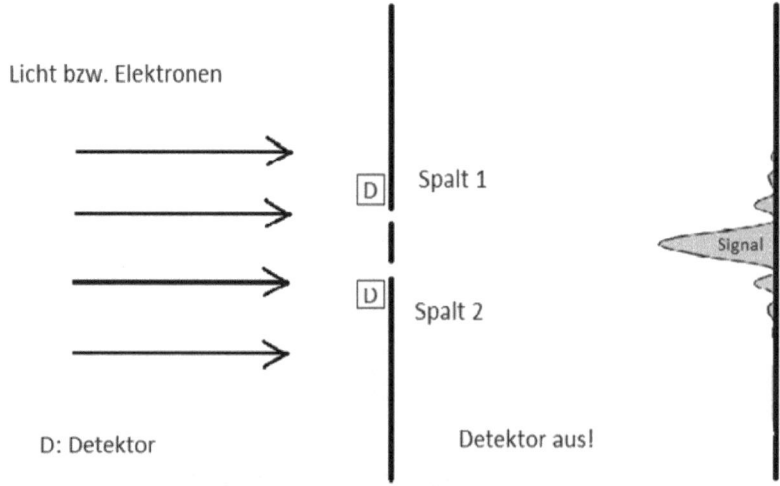

Abbildung 3:   Licht oder ein Elektron trifft auf einen Doppelspalt. Es ist kein Teilchenzähler D eingeschaltet bzw. ein Detektor ist nicht vorhanden.

Sind dagegen beide Spalte offen und trifft der Lichtstrahl auf den Doppelspalt (siehe Abbildung 3), so gibt es hinter diesem Doppelspalt eine Lichtverteilung, die man nur mit dem Modell von Licht als Welle erklären kann. Damit schien klar: Licht ist eine Welle!

Es war Einstein 1905, der dieses Modell in Frage stellte. Sein beobachteter Fotoeffekt ließ sich nur erklären, wenn man annimmt, dass das Licht ein Teilchen (Photon) ist!

Ja was denn nun: Ist Licht ein Teilchen oder eine Welle?

Gleiches gilt für bewegt Elektronen. Einige Experimente lassen sich erklären, wenn man annimmt, dass Elektronen einzelne Teilchen sind, andere hingegen werden erklärt, wenn man voraussetzt, dass auch Elektronen eine Welle sind.

Noch verrückter wird es, wenn man den Doppelspaltversuch erweitert. Nach dem Teilchenmodell von Einstein müsste ein einfallendes Lichtteilchen (oder Elektron) entweder durch Spalt 1 oder Spalt 2 fliegen. Setze ich einen Teilchenzähler (Detektor D) neben einen Spalt, dann kann ich messen, durch welchen Spalt das Photon bzw. das Elektron geht. Doch jetzt passiert ein neuer Effekt: Sobald ich weiß, durch welchen Spalt das Teilchen durchgegangen ist, verändert sich das Ergebnis und es ergibt sich eine Verteilung, wie sie von Teilchen erwartet wird.

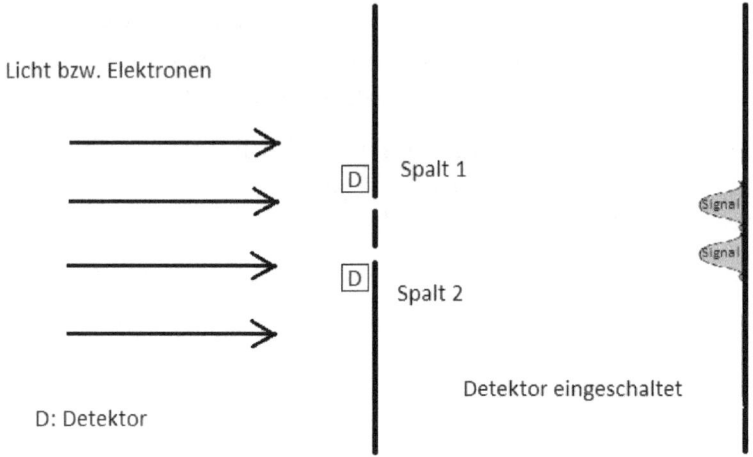

Licht bzw. Elektronen

Spalt 1

Spalt 2

D: Detektor

Detektor eingeschaltet

| Abbildung 3: | Signal beim Doppelspaltexperiment, wenn be Kannt ist, durch welchen Spalt das Teilchen (Licht, Elektron, …) gekommen ist |

Vereinfacht gesagt kann ich mit dem Doppelspaltversuch zeigen, dass das Licht oder ein Elektronenstrahl aus einzelnen Teilchen besteht und sich entsprechend ausbreitet. Ich kann aber – mit einer kleinen Änderung im Versuchsaufbau – ebenso zeigen, dass sich Licht oder ein Elektronenstrahl wie eine Welle verhält. Damit kommen wir zu folgendem Ergebnis: Licht ist also eine Welle oder (!) ein Teilchen, je nachdem wie wir es betrachten und messen.

Den Physikern bleibt nun nichts Anderes übrig als pragmatisch zu sein. Je nachdem welchen Versuch sie machen, nehmen sie einfach das eine oder das andere Modell. Mal ist Licht ein Teilchen, mal eine Welle. Der Naturwissenschaftler kann mit dieser Aussage gut leben, weiß er doch, dass ein Modell nur die Realität erklären soll, aber nicht die Realität ist. Dass es für Licht zwei unterschiedliche Modelle gibt, bezeichnet man als Dualismus des Lichts.

Er wurde auch versucht, beide Modelle zu vereinen. Dies gelingt in der Quantenmechanik durch die Schrödingersche Gleichung. Allerdings ist dieses Modell sehr unanschaulich und kompliziert. Der Physiker Richard Feynman (1918-1988) behauptet sogar: „...auf der anderen Seite glaube ich sicher sagen zu können, dass niemand die Quantenmechanik versteht." (Feynmann, 2017).

Halten wir fest: wir Physiker sind sehr bescheidene Leute. Wir versuchen die Natur durch Modelle zu beschreiben. Wir wissen, dass Modelle nur so lange Bestand haben, bis ein neueres und besseres Modell gefunden wird. Ist das neue Modell sehr kompliziert, so greifen wir bei Bedarf gerne auf das alte wieder zurück. Kein Mensch wird bei der Frage, wie lange es braucht, bis ein Apfel von einem Baum gefallen ist, mit der Einsteinschen Relativitätstheorie rechnen. Hier greifen wir auf das alte Newtonsche Modell und seine Gleichungen zurück, weil wir wissen, dass sich damit die Bewegungen des Apfels hinreichend exakt berechnen lassen und die Beobachtungen durch das Modell erklärt werden.

Wie konnte es unter diesen Umständen am Ende des Mittelalters zu einem Konflikt zwischen der Kirche und Galilei kommen? Einen Konflikt, der zwar inzwischen offiziell bereinigt ist, der aber doch das Klima zwischen Kirche und Naturwissenschaften bis heute nachhaltig stört. Können wir vielleicht an diesem Konflikt lernen, welche Fehler gemacht wurden und vielleicht noch heute gemacht werden?

Wenden wir uns jetzt der Theologie zu, nachdem wir uns im ersten Schritt ausführlich mit den Naturwissenschaften beschäftigt haben. Gewählt wird hierbei die katholische Kirche und deren Lehre, weil sie durch das Lehramt für die Kirche weltweit eindeutige Regeln vorgibt, während die Antworten und Sichtweise der evangelischen Kirche von Landeskirche zu Landeskirche und von Land zu Land durchaus voneinander abweichen können. Später werden auch noch die anderen Religionen wie Judentum und Islam kurz behandelt.

Theologie und Realität

Religion versucht Antwort auf das woher und das Ziel des Menschen und der Welt zu geben. Als Quelle dient bei den christlichen Religionen die Bibel, wobei die großen monotheistischen Religionen (Christentum, Islam, Judentum) weitgehend in der Akzeptanz des Alten Testaments, der Beschreibung der Offenbarung Gottes an sein Volk, übereinstimmen.

Wer unvoreingenommen an die Bibeltexte herangeht, wird schon bei den Berichten über die Erschaffung der Welt Ungereimtheiten finden, die Zweifel aufwerfen, ob das denn wirklich so passiert sein kann. So ist zum Beispiel im Schöpfungsbericht die Rede davon, dass die Welt in sieben Tagen erschaffen wurde.

Die Zweifel an der Erschaffung der Welt in sieben Tagen hatte schon der anerkannte Kirchenlehrer Augustinus von Hippo (354- 430). Ohne mit seiner Kirche ernsthaft in Konflikt zu kommen, behauptete er, dass die Welt an einem Tag erschaffen sein müsste *(Augustinus, De Gen. ad litt., lib. 4, cap 26 et De Civ. Die, lib. 11, cap 9, et Ad Orosium, quaest. 26)*.

Der Kirchenlehrer Thomas von Aquin (1225–1274) hatte mit einem anderen Punkt der Schöpfungsgeschichte so seine Probleme. Ihn beschäftigte die Frage: Wenn Gott am zweiten Tag Himmel und Erde erschuf, dann erschuf er damit auch Tag und Nacht. Wie konnte es dann einen ersten Tag geben?

Thomas hat die Frage viel allgemeiner gesehen und bearbeitet: was ist, wenn die Bibel etwas enthält, was der Wissenschaft und der Vernunft widerspricht? Muss ich dann den Inhalt der Bibel glauben oder darf ich mich auf mein Wissen und meine Vernunft verlassen?

In seiner Antwort (Thomas von Aquin, Summa Theologica, Band 5, Das Werk der sechs Tage, Quaestio 68,1: Seite 62) bezieht er sich auf

Augustinus und zitiert: „Da die Hl. Schrift eine vielfache Auslegung zulässt, darf niemand einer Auslegung so fest anhängen, dass er trotz eines sicheren Beweisgrundes für die Unrichtigkeit einer Auslegung nichtsdestoweniger es wagt, sie zu vertreten, damit die Hl. Schrift nicht deswegen von den Ungläubigen verlacht und ihnen der Weg zum Glauben dadurch versperrt werde." (Augustinus: De Gen. ad litt., lib. 1, cap.18)

Augustinus und Thomas von Aquin sind nicht irgendwer. Sie sind anerkannte Kirchenlehrer. Ihre Lehre ist die Lehre der Kirche und ihre Antwort ist eindeutig und klar: Wenn es sichere Beweise gibt, wenn also die Vernunft der Bibel oder der Lehre der Kirche widerspricht, dann sind Bibel und Lehre der Kirche so auszulegen, dass es keinen Widerspruch mehr gibt.

Mit dieser Arbeitsthese ist es heute gut möglich, einen Dialog zwischen den Naturwissenschaften und der Kirche zu führen. Warum aber wird diese These nicht deutlicher herausgestellt? Hat die Kirche Angst, dass zu viele Einwände kommen? Was ist schiefgelaufen, als Galilei seine Thesen vorgestellt hat und er deshalb von der Kirche dazu verurteilt wurde, diese – gegen seine eigene Einstellung – zu widerrufen?

Aber sind es nicht oft die Naturwissenschaften und mit ihr die formale Mathematik, die oftmals religiöse Überlegungen und die Frage nach einem Gott vehement ablehnen und damit von ihrer Seite aus den Dialog ablehnen mit der Begründung, dass ein Glaube an Gott unlogisch und unvernünftig sei?

Der Gödelsche Gottesbeweis

Der Mathematiker Kurt Gödel (1906–1978) war ein mathematisches Genie und gleichzeitig oft dem Wahnsinn sehr nahe. In Tschechien geboren, wanderte er schließlich in die USA aus, wo er sich mit dem älteren Albert Einstein anfreundete.

Es wird erzählt, dass für den menschenscheuen Mathematiker Gödel der Physiker Albert Einstein der Einzige war, in dessen Gegenwart er sich wohlfühlte. Und umgekehrt war für Einstein Gödels wissenschaftliches Denken derart tiefsinnig und originell, dass er einmal sagte, er komme bloß noch ins Institut, „um das Privileg zu haben, mit Gödel zu Fuß nach Hause gehen zu dürfen" (Mathias Plüss in „Der Tagespiegel", 13.01.2008).

Berühmt wurde Gödel durch seine neuentwickelte modale Logik, die zwar genial, aber nicht einfach zu verstehen ist. Trotzdem verglich der Philosoph Karl Popper die Auswirkung seiner Logik als ein „Erdbeben" und der Mathematiker von Neumann schrieb: „Die Logik wird nie mehr dieselbe sein" (Mathias Plüss, s.o.).

Manche behaupten, Gödel sei ein Atheist gewesen. Liegt es dann nicht auf der Hand, mit der neuen Logik zu beweisen, dass es Gott nicht geben kann? Er macht – wie es Mathematiker tun – fünf Grundannahmen und schaut, was herauskommt. Doch das Ergebnis war für ihn so überraschend, dass er seine Ergebnisse versteckte und sie nur mit seinem Freund Oskar Morgenstern, der 1977 starb, diskutierte. Es war eine Studentin von ihm, Dana Scott, die nach dem Tod Gödels 1978 seine Überlegungen fand und sie veröffentlichte. Sie sind unter dem Namen „Gödels Gottesbeweis" bekannt, denn am Ende seines Beweises steht das Ergebnis: Gott existiert.

Steckt in dem Beweis ein Fehler? Gödels Logik ist nicht einfach und so wurde sie mehrfach überprüft. Diese Überprüfung selbst durch moderne Computersimulation (2013) führte immer wieder zum gleichen

Ergebnis: Er machte in seinem Beweis keinen Fehler (Tobias Hürter, Spiegel online, 09.09.2013). Inzwischen gilt der Beweis mathematisch als anerkannt.

Müssen wir jetzt an Gott glauben? Lässt sich Gott beweisen? So einfach ist es nicht. Auch wenn in seiner Logik bis heute kein Fehler nachweisbar war, so können doch an seinen Grundannahmen Veränderungen vorgenommen werden. Und dann wird man nicht immer zum selben Ergebnis kommen.

Die Frage, ob Gott existiert, lässt sich deshalb mathematisch mit Gödel letztlich nicht klären. Aber die Frage ob es, wie viele behaupten, unlogisch und unvernünftig ist von der Existenz Gottes auszugehen, diese Frage hat Gödel mit seiner mathematischeren Logik eindeutig beantwortet: Wer an Gott glaubt, hat die Logik nicht gegen sich!

Wissenschaft und/oder Theologie?

Nicht immer war die Kluft zwischen Theologie und Naturwissenschaft so deutlich zu spüren wie heute. Dies ist sicher auch die Folge einer Spezialisierung an den Universitäten und Hochschulen. Durch den enormen Zuwachs an Wissen in den einzelnen Fächern ist heute ein Studium Generale wie es zu Thomas von Aquins Zeiten üblich war, nicht mehr machbar. Waren die Naturwissenschaften über Jahrhunderte hinweg ein Ableger der Philosophie und Theologie, so hat sich das heute in das Gegenteil gewendet. Theologische und philosophische Studiengänge sind eindeutig in der Minderheit und an vielen neu gegründeten Universitäten wird ganz auf sie verzichtet. Dies ist sicher auf den Erfolg der Naturwissenschaften zurückzuführen, die unser Leben durch technische Entwicklungen enorm verändert haben.

Inzwischen aber ist bei vielen Menschen die Anfangseuphorie über den technischen Fortschritt einer allgemeinen Skepsis und Verunsicherung gewichen. Neben den großen Erfolgen für den Menschen, wie längeres Leben, Gesundheit, Wohlstand, usw. zeigen sich auch mögliche Gefahren des Fortschritts. Der Abwurf der Atombomben in Hiroshima und Nagasaki hat in aller Deutlichkeit gezeigt, wohin moderne Technik führen kann. Auch die friedliche Nutzung der Kernenergie wird inzwischen (zumindest bei uns in Deutschland) von immer mehr Menschen abgelehnt, da sich ihre Folgen nur schwer abschätzen lassen. Gleiches gilt für den durch moderne Landwirtschaft und Technik erfolgten Anstieg an Treibhausgasen. Auch wenn die Diskussionen hier noch kontrovers geführt werden, so ist doch die überwiegende Mehrheit der Forscher der Meinung, dass ein weiterer Anstieg der Treibhausgase weltweite Auswirkungen haben wird, die für einen großen Teil der Menschheit verheerend sein werden. Auswirkungen, die wir heute schon in einer steigenden Zahl von Naturkatastrophen zu spüren bekommen.

Was in der Technik so erfolgsversprechend begann, hat nicht nur positive, sondern auch negative Auswirkungen. Als Folge steigt das Misstrauen der Menschen. Viele sehen aber nur noch die negativen Seiten des technischen Fortschritts. Oft ist die Ablehnung sogar so groß, dass neue Entwicklungen in der Gentechnik, Medizin, Kerntechnik, Informatik und in der Industrie völlig abgelehnt werden.

Ist an dieser Technik- und Wissenschaftsfeindlichkeit die Religion und mit ihr die Kirche maßgeblich beteiligt? Verschärft sie dadurch den schon vorhandenen Konflikt zwischen Religion und Technik?

Technik im Religionsunterricht

Mittels eines Fragebogens mit 160 Fragen hat das Institut „Kirche und Gesellschaft" des Fachbereichs Katholische Theologie der Universität Osnabrück 1988 die Aussagen von über 400 Religionsbüchern für die berufsbildenden Schulen, die Sekundarstufe I und die gymnasiale Oberstufe zu den Themenbereichen Arbeit, Wirtschaft und Technik untersucht. Die Ergebnisse wurden von Manfred Spieker (Deutscher Instituts-Verlag, 1989) veröffentlicht.

Die Auswertung des Fragebogens ergab, dass ein großer Teil der Schulbücher die Technik eindeutig negativ behandelt. Oft werden nur die Nachteile einer Technik dargestellt und nicht ihr Nutzen.

Hier einige wörtliche Zitate aus der Untersuchung von Manfred Spieker:

„Im Themenbereich Technik schließlich häufen sich derartige Fluchtanleitungen, so

-       wenn der technische Fortschritt einseitig als lebensbedrohlich dargestellt und mit dem Turmbau zu Babel verglichen wird;

-       wenn bei der Erörterung gegenwärtiger und zukünftiger Entwicklungen von Wissenschaft und Technik nicht deren Vor- und Nachteile gegeneinander abgewogen, sondern Huxleys „Schöne neue Welt" oder Horrorvisionen von der Zerstörung der Schöpfung beschworen werden;

-       wenn der Kult der Schöpfung in nichtchristlichen Religionen und Kulturen präsentiert und gefordert wird, die Menschenrechterklärung müssten um Kodifikation der Tierrechte, der Pflanzenrechte und der Rechte der Erde ergänzt werden;

-       wenn die Erörterung ökologischer Probleme zu neuen Freund-Feind-Schemata führt, indem der chemischen Industrie alle Verantwortung für die Vergiftung der Gewässer, die Verschmutzung der Luft, die Verseuchung der Böden und das Sterben der Wälder aufgeladen und den Grünen verantwortliches Denken und Handeln attestiert wird." (Seite 380)

„Religionsbücher mit derartigen Aussagen, die den Schüler zur Bewältigung des Alltags ermutigen, bleiben aber eine Ausnahme. Viele, zu viele Bücher neigen im Themenbereich Technik zu einer einseitigen Betonung der Probleme oder gar zur Schwarzweißmalerei, die den Schüler zur Flucht aus dem Alltag verführt.

Selbst relativ ausgewogene Bücher entgehen nicht der Gefahr, sich bei der Erörterung der Umweltprobleme so auf die Bedrohungen zu fixieren, dass die Vorteile des technischen Fortschritts aus dem Blick geraten." (Seite 383)

Fazit: Nimmt man den Inhalt der Religionsbücher als die Lehre der Kirche – wie sie den Jugendlichen gelehrt wird – dann hat man den Eindruck, dass Skepsis und Misstrauen gegenüber Technik und Naturwissenschaften gefördert werden. Diese Skepsis geht im Vergleich mit dem Turmbau zu Babel sogar so weit, dass der Wissenschaft unterstellt wird, durch ihr gottloses und größenwahnsinniges Handeln offenen Auges am Untergang der Menschheit mitzuarbeiten.

Kann es bei so großen Vorwürfen zu einer Versöhnung bzw. zu einer Zusammenarbeit zwischen Kirche und Technik kommen?

Schon ganz am Anfang der modernen Naturwissenschaften gab es einen Konflikt zwischen Kirche und Physik: Der Fall Galilei. Schauen wir uns diesen Fall an. Vielleicht gelingt es mit einem zeitlichen Abstand einige Grundstrukturen des damaligen Konflikts zu erkennen, Lösungsmöglichkeiten aufzuzeigen, um sie dann auch auf die heutige Zeit anzuwenden.

Der Fall Galilei

Über den Konflikt zwischen Galilei und der katholischen Kirche gibt es eine Menge Bücher. In den vatikanischen Archiven sind die gesammelten Werke einschließlich sämtlicher Prozessakten zu finden. Die Zusammenfassungen gehen von historischen Untersuchungen (H. Grisar, Galileistudien, Historisch-theologische Untersuchungen über die Urteile der Römischen Kongregation im Galileiprozess, Regensburg 1882) bis zu Berthold Brechts berühmtem „Leben des Galilei" (1939). Walter Brandmüller hat verschiedene Studien über Galilei veröffentlicht. Hier beziehe ich mich auf sein Buch: Der Fall Galilei, Karlsruhe 1970.

Galilei wurde 1564 in Pisa geboren, knapp 20 Jahre nach Luthers Tod (1546) und damit ca. 20 Jahre nach dem Beginn des Konzils von Trient, das als Antwort auf die Kirchenspaltung der Reformation einberufen worden war.

Galilei war ein Genie. Mit bereits 25 Jahren arbeitete er an der Universität in Pisa und mit 28 Jahren erhielt er einen Lehrstuhl für Mathematik in Padua. 1609 entdeckte Galilei mit einem neuartigen Fernrohr die Monde des Jupiters und merkte an, dass die Existenz der Jupitermonde die kopernikanische Ansicht vom Umlauf des Mondes um die Erde nicht mehr als unmöglich erscheinen lasse. Die Wirkung dieser Veröffentlichung übertraf weit die Wirkung von Kopernikus und Kepler, die ähnliches annahmen.

Von einem Widerstand der Kirche war zunächst nichts zu spüren. Als er 1611 nach Rom kam, erhielt er volle Anerkennung. Kardinal del Monte äußerte: „lebten wir noch in der römischen Republik der Antike, ich glaube wahrhaftig, es wäre zu seiner Ehre eine Säule auf dem Kapitol errichtet worden." (Briefe, Rom 31. Mai 1611). Papst Paul V. empfing ihn mit Ehren und das Collegium Romanum, die Universität der Jesuiten, veranstaltete eine Festakademie.

Auch als Galilei 1613 seine Stellungnahme für das kopernikanische System veröffentlichte, erhielt er ungeteilten Beifall, selbst die Kardinäle Bellarmino und Barberini – der spätere Papst Urban VIII. – äußerten ihre Bewunderung für Galilei.

Es war Galilei selbst, der in seiner Arbeit „Contro il moto della Terra" auf den Widerspruch zwischen der Bibel und seiner Theorie hinwies. Steht doch in der Bibel bei Josua 10, 12f: „Sonne, in Gibeon halte ein, und Mond im Tale Ajjalon. Da hielt die Sonne ein und der Mond stand still, bis Josua Rache genommen hatte am Volk seiner Feinde." Eine Bibelstelle aus der man – wenn man sie wörtlich nimmt - schließen kann, dass sich Sonne und Mond um die Erde drehen und nicht, wie es Galilei und Kopernikus behaupteten die Erde um die Sonne dreht.

Doch selbst diese Einmischung Galileis in die Lehre der Kirche wurde sachlich und gelassen aufgenommen. Kardinal Conti schreibt in guter katholischer Tradition (siehe Thomas von Aquin), dass die Sätze der Bibel der gewöhnlichen Redeweise der Alltagssprache zugeschrieben werden können. Allein, man dürfe ohne zwingenden Grund nicht zu einer solchen Erklärung greifen (Favore III, 251-291).

Doch Galilei war kein Freund der stillen Worte. Zunächst äußerte er sich bei den Benediktinern in Pisa vehement zu diesem Thema und schrieb dazu einen langen Brief an Castelli, der rasche und weite Verbreitung fand (Favore, III, 251-291). Es war der Dominikaner Tommaso Caccini, der schließlich den Fehdehandschuh aufgriff und in einer Predigt 1614 in Florenz zu Josua 10,4 vehement Stellung gegen Galilei nahm. Aber er erhielt Widerspruch: Der Dominikaner Luigi Maraffie bezeichnete die Florentiner Kanzelattacke als „bestialià", entschuldigte sich bei Galilei und beklagte es, „für die Dummheiten geradestehen zu müssen, die 30000–40 000 Mönche begehen könnten." (Rom, 10. Jan. 1615)

Auch die Untersuchungen der Inquisition in Rom ergaben zunächst keine Beanstandungen an den Äußerungen Galileis. Dies änderte sich erst, als der persönlich angegriffene Dominikaner Caccini selbst in Rom erschien und seine Anklagen gegen Galilei vehement vorbrachte.

Den weiteren Verlauf der Untersuchungen kann man nur dann verstehen, wenn man betrachtet, dass wir uns nach der Reformation befinden. Ein Hauptargument der Reformatoren lag im Vorwurf an die katholische Kirche, dass deren Lehre oft der Bibel widerspreche. Nach den Reformatoren zählt nur das geschriebene Wort der Bibel („sola sciptura"). Im Konzil zu Trient (1545-1563), das als Reaktion auf Luthers Reformation einberufen worden war, versuchte man zwar die katholische Sichtweise zu bestätigen, dass neben der Bibel auch noch die Tradition entscheidend sei, aber man wollte sich auch bezüglich der Auslegung der heiligen Schriften nicht nachlässig zeigen und nicht ohne Not vom wörtlichen Inhalt der Bibel abweichen.

Entsprechend fiel auch die Stellungnahme Kardinal Bellarminos im Prozess aus: „Solange kein wirklicher Beweis für die absolute Geltung des kopernikanischen Systems gebracht wird, ist es freilich nicht möglich, die traditionelle Erklärung der Bibel um bloßer Hypothesen willen aufzugeben. Ein solcher Beweis steht aber noch aus."

Anstatt weitere Beweise zu bringen, beharrte Galilei stur auf seiner Interpretation der Bibel: „Doch wie soll ich anfangen, ohne damit bloß meine Zeit zu vergeuden, wenn jene Peripatetiker (Anm.: Anhänger der Lehre des Aristoteles), die überzeugt werden müssten sich als unfähig erweisen, selbst der einfachsten und leichtesten Beweisführung zu folgen?" (Galilei an Dini, Mai 1615).

Man kann sich leicht vorstellen, dass solche Töne Galileis den Konflikt eher anheizten, als ihn zu besänftigen, insbesonders, wenn er seine Gegner in Briefen als „geistige Pygmäen und schwachsinnige Kreaturen" bezeichnete.

Im Schlussurteil der Inquisition vom 22. Juni 1633 wird erwähnt, dass Galileis Auffassungen der Heiligen Schrift zuwiderlaufen. Deshalb werde er der Irrlehre wegen zu „ad formalem carcerem" (Hausarrest) verurteilt, sowie dazu, dass er drei Jahre hindurch einmal wöchentlich die sieben Bußpsalmen bete. Außerdem werde, um die Verbreitung seines Irrtums zu hindern, sein Buch „Dialogo" verboten. Vom Vorwurf der Häresie und der dadurch bedingten Kirchenstrafen werde er aber losgesprochen, wenn er seiner Meinung abschwören würde. Noch am selben Tag unterzeichnete Galilei eine derartige Erklärung.

Er setzte seine wissenschaftlichen Arbeiten zunächst in der Villa Medici in Rom und später im Palast des Erzbischofs von Siena und schließlich bis zu seinem Tod 1642 in Florenz fort.

Inzwischen erkennt auch die katholische Kirche klar an: das Urteil war falsch! Leider sind die Auswirkungen des Urteils verheerend und bis heute nachwirkend: Bertold Brecht beschreibt es mit den Worten: „die moderne Wissenschaft, eine legitime Tochter der Kirche, sie hat sich emanzipiert und gegen ihre Mutter gewandt." (Brecht, Große Ausgabe, Band 24, Seite 238, 1939)

Was waren letztlich die Ursachen für dieses Fehlurteil?

Man könnte als Entschuldigung anführen: Galilei hat seinen Bereich als Naturwissenschaftler überschritten. Er hat vehement auf einer naturwissenschaftlichen Auslegung der Bibel bestanden und dabei seine Kompetenzen als Physiker überschritten, indem er sich in den Bereich der Theologen und der Kirche einmischte. Und dies mit einer Sprache und mit Ausdrücken, die die Mitglieder der Kirche und ihre Leitung eindeutig diffamierten.

Doch all das kann keine Entschuldigung für die Kirche sein. Warum hat sie nicht souveräner regiert?

Warum hat die Kirche nicht auf ihre besonnenen und gebildeten Mitglieder gehört?

Hatte doch bereits der Valencianer Exeget Benedicto Pereira SJ zum geozentrischen Weltbild folgendes gemeint: „Man muss sich hüten und es durchaus vermeiden, bei der Behandlung der Lehre des Moses irgendetwas positiv hinzustellen, was mit den Tatsachen der Erfahrung oder anderen Disziplinen in Widerspruch steht. Denn da Wahrheit immer mit Wahrheit übereinstimmt, so kann der wahre Inhalt der Heiligen Schrift wahren Beweisgründen und Erfahrungsergebnissen der menschlichen Wissenschaft nicht widersprechen." (Grisar, 260)

Auch Kardinal Bellarmino äußerte sich schon 1571 deutlich zur Sache: „Es ist nicht Sache der Theologen, die Dinge der Natur zu erforschen. Die einen erklären diese Erscheinungen mit der Bewegung der Erde, andere durch Epizyklen und Exzenter, andere mit der Eigenbewegung der Sterne... Wenn aber in Zukunft mit Evidenz bewiesen würde, dass die Sterne sich nicht selbst, sondern mit dem Himmel drehen, alsdann würde man sehen müssen, die Heilige Schrift so zu erklären, dass sie nicht im Widerspruch zu einer sicheren Erkenntnis steht..."

Eine Erklärung habe ich schon oben angedeutet. Die Kirche stand nach der Reformation unter einem ungeheuren Druck. Ihr wurden von den Reformatoren vorgeworfen, sich nicht an die Bibel zu halten.

Bereits Luther hatte sich vehement gegen Kopernikus und dessen Lehre, dass die Erde um die Sonne kreist (die kath. Kirche verhielt sich weitgehend ruhig) ausgesprochen. Berühmt ist der Satz Luthers: „Der Narr will die ganze Kunst Astronomiae umkehren. Aber, wie die Heilige Schrift anzeigt, so ließ Josua die Sonne stillstehen und nicht das Erdreich!" Auch Melanchthon wandte sich 1549 in seinen „Initia doctrinae physicae" gegen Kopernikus.

Ein Versagen der katholischen Kirche bestand zum einen darin, dass sie sich entgegen ihren eigenen Lehren, dem religiösen Zeitgeist der Reformatoren anpasste.

Dies wäre weitgehend folgenlos geblieben, wäre die Kirche nicht – trotz vieler Warnungen – der Versuchung erlegen, ihre Macht in Form der Inquisition einzusetzen. Eine Inquisition, die sich wiederum über die Regeln der Kirche hinwegsetzte (zweiter Fehler), indem sie den durchaus angesehenen und kompetenten Verteidigern Galileis kein Gehör schenkte.

Der letzte Fehler der Kirche bestand darin, dass sie zwar relativ bald erkannte einen Fehler gemacht zu haben, dass es aber bis ins Jahr 1992 dauerte, bis die Kirche unter Papst Johannes Paul II offiziell erklärte „ihr sei ein Denkirrtum unterlaufen... dass unser Wissen über die physikalische Welt vom wörtlichen Sinn der Heiligen Schrift festgelegt sei." (Rom, 6.11.1992)

Zu den Aussagen Galileis ist anzumerken, dass sie letztlich physikalisch (!) nicht korrekt waren. Zwar hat sich die Einsicht, dass die Erde sich um die Sonne dreht durchgesetzt, aber nicht in der Radikalität wie sie Galilei vertrat. Die Kirche hatte Galilei immer gebeten seine Ansichten als Hypothese vorzutragen. Inzwischen ist auch die Physik der Meinung, dass dies der damalig korrekte Ausdruck gewesen wäre. Spätestens mit der Relativitätstheorie von Einstein war klargeworden, dass die Beschreibung der Natur durch die Physik immer in einem Modell bzw. einer Hypothese endet, welche versucht, die Realität zu beschreiben, aber nicht die Realität ist.

Andererseits hat ausgerechnet Galilei die Bibelauslegung der Kirche vorangebracht. Sein Einwand, dass die Bibel nicht wissenschaftlich gelesen werden darf, sondern als Glaubenszeugnis zu verwenden ist, ist heute in der Theologie weitgehend anerkannt. Es ging also in der oben zitierten Bibelstelle von Josua nicht darum, dass gezeigt werden sollte, wie Gott die Naturgesetzte außer Kraft setzte, vielmehr ging es darum, die Erfahrung des Volkes Israel mit seinem Gott anschaulich aufzuzeigen. Diese hatten nämlich erfahren, dass Gott ihnen auf wunderbare Weise (und naturwissenschaftlich nicht nachzuweisen) bei einer Schlacht beigestanden hatte. Die Bibel als Buch der Erfahrung der Menschen mit Gott und nicht als Buch der Erklärung der Welt, in dieser Erkenntnis war Galilei der Kirche seiner damaligen Zeit voraus.

Miteinander von Naturwissenschaft und Religion?

Haben die Naturwissenschaften und die Kirche Lehren aus dem Konflikt um Galilei gezogen? Ja und nein.

Ja, insofern die Kirche heute sehr vorsichtig ist, Aussagen der Naturwissenschaftler vorschnell zu verurteilen. Und die modernen Naturwissenschaften waren zur Zeit Galileis erst am Anfang ihrer Erkenntnisse. Es folgten die Vererbungsversuche von Mendel, die Entwicklungsthesen von Darwin und schließlich die Theorie vom Urknall. An diesen neuen Erkenntnissen konnte sich zeigen, ob die Kirche aus den Erfahrungen der Geschichte gelernt hat. Und sie hat! Dies zeigt sich zunächst darin, dass eine lehramtliche Verurteilung der neuen Thesen nicht mehr stattfand.

Im Gegenteil. Auch die Theologie schlägt einen gegenseitigen Respekt zwischen Religion und Naturwissenschaften vor. So schreibt der Theologe Karl Barth: „Die Naturwissenschaft hat freien Raum jenseits dessen, was die Theologie als das Werk des Schöpfers zu beschreiben hat." (Karl Barth, Kirchliche Dogmatik, Band III/1, Zürich 1988) und der Konzilstheologe Karl Rahner formuliert: „Alle Gegenstände der Naturwissenschaft fallen ... als solche von vornherein gar nicht in den Bereich der Theologie." (Karl Rahner, Schriften zur Theologie, Zürich 1984)

Bereits zuvor hatte das Zweite Vatikanische Konzil (1962-1965) in seinem Lehrschreiben Gaudium et Spes der Naturwissenschaft eine Eigenständigkeit zugewiesen und hierzu folgendes veröffentlicht: „Wenn wir unter Autonomie der irdischen Wirklichkeiten verstehen, dass die geschaffenen Dinge und auch die Gesellschaften ihre eigenen Gesetze und Werte haben, die der Mensch schrittweise erkennen, gebrauchen und gestalten muss, dann ist es durchaus berechtigt, diese Autonomie zu fordern. Das ist nicht nur eine Forderung der Menschen unserer Zeit, sondern entspricht auch dem Willen des Schöpfers." Mit dieser Aussage des Konzils wird die von den Naturwissenschaften schon lange geforderte Eigenständigkeit und Unabhängigkeit voll anerkannt.

Autonomie der Naturwissenschaft bedeutet, dass sie ohne den Einfluss Gottes auskommt. Ein enormes Zugeständnis von Seiten der Kirche. Gesteht sie doch zu, dass die Wissenschaft imstande ist, ohne theologische Begriffe wie Wunder oder Eingreifen Gottes die naturwissenschaftliche Realität des Menschen zu erklären.

Damit könnte der Streit zwischen Naturwissenschaften und Theologie eigentlich beendet sein. Doch im Alltag merkt man sehr schnell, dass das von vielen Christen nicht akzeptiert wird. Wer an Bibelgesprächen teilnimmt oder bei charismatischen Treffen dabei ist, der stellt sich schnell die Frage, ob die Ergebnisse des Konzils von den einfachen Christen überhaupt wahrgenommen werden. Leider lassen sich auch „gut" ausgebildete Theologen immer wieder dazu hinreißen, in naturwissenschaftlichen Erkenntnissen ihre eigene unkirchliche Theologie unterzubringen.

Ein Beispiel ist das Modell des Urknalls, das von den Physikern zur Erschaffung der Welt herangezogen wird. Papst Pius XII. war einer der ersten, der dieses Modell unterstütze, sah er doch darin bestätigt, dass die biblischen Schöpfungsberichte letztlich doch Recht hätten und alles aus dem Nichts entstanden sei. Ganze Scharen von Theologen versuchten dieses Modell für sich zu vereinnahmen. Mit der Annahme eines „intelligent design" versuchten sie Ursache und Sinn der Welt naturwissenschaftlich in den Griff zu bekommen. Viele noch offene Fragen wurden und werden einem Eingreifen oder Plan Gottes zugeordnet. Auch wird die Frage, was wohl vor dem Urknall war, dem religiösen Bereich zugeordnet.

Dieses Vorgehen ist für die Theologie sehr gefährlich. Indem sie noch physikalisch ungeklärte Bereiche der Theologie zuordnet, setzt sie sich der Gefahr aus, dass der Eindruck entsteht Religion sei etwas, auf das bei zunehmendem Wissensstand letztlich verzichtet werden kann. Es entstand nämlich in der Vergangenheit und auch in der Gegenwart immer wieder der Eindruck, dass Theologie und mit ihr die Kirche etwas religiös deutet, was in einigen Jahren von der Naturwissenschaft auch ohne Religion erklärt werden kann.

Der sowjetische Wissenschaftler Lindé hat dies 1982 in Oxford so ausgedrückt: (Stamatescu, 2004)

„Die Möglichkeit, dass das Universum aus nichts erschaffen wurde ist ziemlich interessant und muss weiter untersucht werden. Eine sehr komplizierte Frage welche die Singularität behandelt ist folgende: was ging der Erschaffung der Welt voraus? Diese Frage scheint zunächst rein religiös („metaphysics"), aber die Erfahrung lehrt, dass religiöse Fragen oft durch Antworten der Physik gelöst werden".

Manche Gläubige neigen dazu, fast alle alltäglichen Dinge religiös zu erklären. Sie machen dabei auch vor wissenschaftlichen Aussagen nicht halt. Dieses unseriöse „Glaubenszeugnis" vieler Christen und sogar kirchlicher Mitarbeiter/innen führt sicher mit dazu, dass viele Naturwissenschaftler Glaube und Religion als etwas Abstruses und Unglaubwürdiges empfinden. Wenn dann naturwissenschaftliche Tatsachen oft religiös umgedeutet und offene Fragen als allein religiös vereinnahmt werden, dann macht das den Naturwissenschaftler misstrauisch

Ist da nicht für den heutigen Menschen der Verzicht auf Theologie und Religion und die Hinwendung zum nur Messbaren: „Der Materialismus" die einzige Lösung?

Naturwissenschaft ohne Religion?

Den großen Naturwissenschaftlern ist die religiöse Frage, also welche Antworten jenseits ihres Bereiches gültig sind, nicht unwichtig. Und sie ringen mit unterschiedlichem Ergebnis um eine Antwort.

Für Niels Bohr (1885-1965), den Begründer des ersten Atommodells, war die Antwort noch relativ klar. Er stimmte mit dem Glauben der Kirche überein. Für ihn passten Religion und Naturwissenschaft zusammen. Sowohl die Naturwissenschaft, als auch die Religion sollen die Wirklichkeit des Menschen erklären. Er schreibt: „Wenn... von Eingreifen Gottes die Rede ist, so wird offenbar nicht von der naturwissenschaftlichen Bedingtheit des Ereignisses gesprochen, sondern von dem Sinnzusammenhang, der das Ereignis mit anderen oder mit dem Denken der Menschen verbindet.... dieser Sinnzusammenhang gehört zur Wirklichkeit, ebenso wie die naturwissenschaftliche Bedingtheit..."

Auch der Quantenphysiker Max Planck (1858-1947) argumentierte noch kirchlich, indem er von zwei Wirklichkeiten ausging, wobei er jedoch der messbaren den Vorzug gab. Max Planck: „dass erstens eine von den Menschen vernünftige Weltordnung existiert und dass zweitens das Wesen dieser Weltordnung niemals direkt erkennbar ist, sondern nur indirekt erfasst beziehungsweise geahnt werden kann."

Weiter schreibt Planck: Es ist „ein grundsätzlicher Unterschied zu beachten. Für den religiösen Menschen ist Gott unmittelbar und primär gegeben... Im Gegensatz dazu ist für den Naturforscher das einzig primär Gegebene der Inhalt seiner Sinneswahrnehmungen und der daraus abgeleiteten Messungen. Von da aus sucht er sich auf dem Wege der induktiven Forschung Gott und seiner Weltordnung... anzunähern."

Zwar bezeichnete sich auch Albert Einstein (1879-1955) als religiös, doch seine Ansichten ließen sich keiner Religion zuordnen, obwohl er Jude war. Den Gottesbegriff, wie ihn die Juden und Christen kennen, lehnte er ab. So schrieb er: „Wer von der kausalen Gesetzmäßigkeit allen Geschehens durchdrungen ist, für den ist die Idee eines Wesens, welches in den Gang des Weltgeschehens eingreift, ganz unmöglich... Das ethische Verhalten des Menschen ist wirksam auf Mitgefühl, Erziehung und soziale Bindung zu gründen und bedarf keiner religiösen Grundlage. Es stünde traurig um die Menschen, wenn sie durch Furcht vor Strafe und Hoffnung auf Belohnung nach dem Tode gebändigt werden müssten."

Für Einstein war Gott im Kosmos zu finden: „Die religiösen Genies aller Zeiten waren durch diese kosmische Religiosität ausgezeichnet, die keine Dogmen und keinen Gott kennt, der nach dem Bild des Menschen gedacht wäre..."

Die Ansichten Einsteins fand der Physiker und Nobelpreisträger Steven Weinberg (geb. 1933) so weitgehend, dass er schrieb: „einige Leute haben eine Vorstellung von Gott, die so breit und flexibel ist, dass sie unausweichlich Gott finden werden, wohin sie auch schauen... mir scheint, dass dies das Konzept ´Gott´ nicht so sehr falsch als unwichtig macht." Er machte hiermit darauf aufmerksam, dass letztlich eine Religion nur dann wichtig ist, wenn sie konkrete Antworten auf den Sinn des Lebens und auf die Art, wie ich leben soll, gibt.

Doch es gibt auch viele moderne Naturwissenschaftler, die nicht an Gott glauben und sich gar als Atheisten bezeichnen. Dazu gehört der Astrophysiker Stephan Hawking (1942-2018), der in einem Interview mit der spanischen Zeitung El Mundo (30.04.2014) erklärte: „Die Erschaffung der Welt ist ein wissenschaftliches Phänomen und hat nichts mit einem ´Gott´ zu tun. Meine Vorstellungen vom Ursprung des Universums sind nicht kompatibel mit der Idee, dass die Welt durch ein höheres Wesen erschaffen wurde."

Es ist für mich bedauerlich, dass der sonst herausragende Physiker Stephan Hawking auf – wie oben nachgewiesene – nichtchristliche Gottesvorstellungen zurückgreift.

Denn bereits der im Jahre 1607 gestorbene Kardinal Baronius hatte im Streit um die Planetenbewegungen geäußert, dass „die Heilige Schrift geschrieben worden sei, um uns zu lehren, wie man in den Himmel komme, und nicht, wie der Himmel sich bewege". (Georg Gusdorf, Wissenschaft und Glaube in der Mitte des zwanzigsten Jahrhunderts, 1958)

So ist Religion und Glaube nach Auffassung des aufgeklärten Gläubigen und der Lehre der Kirche eben nicht dazu da, um zu erklären, wie (!) das Universum und unsere Welt entstanden ist, vielmehr geht es darum, warum (!) dieses Weltall entstanden ist und was der Sinn und das Ziel des Weltalls und des Menschen ist. Eine Frage, auf die Hawking und mit ihm die Atheisten keine Antwort geben können.

Vom Wert der Ethik und Religion

Bis in das Mittelalter standen Philosophie und Religion im Zentrum von Studiengängen an den Universitäten. Die Naturwissenschaften und die Medizin gesellten sich später dazu. Wie wir gesehen haben, gab es weder für Augustinus noch für Thomas von Aquin eine unüberbrückbare Spannung zwischen geoffenbartem Glauben und vernunftbegründeter Wissenschaft.

Es war die Wissenschaft, die sich – bis heute – von der Religion und Philosophie entfernte. Wobei der englische Philosoph Francis Bacon (1561 - 1626) sich 1620 als einer der ersten klar von der bisherigen Tradition löste: „Der Mensch, der Diener und Ausleger der Natur, wirkt und weiß nur so viel, als er von der Ordnung der Natur durch Versuche oder durch Beobachtungen bemerkt hat; weiter weiß und vermag er nichts." (Th. Petermann, Ethik, Wissenschaft und Technik, Köln 1985)

Aus der Wissenschaft des Denkens war eine Wissenschaft der Experimentatoren geworden. Wobei sich zunächst die Philosophen wehrten und versuchten eine Einheit zwischen Denken und Experimentieren herzustellen. So beschrieb der oft als erster moderner Philosoph bezeichnete Franzose René Descartes (1596 – 1650) das Verhältnis von Philosophie und Naturwissenschaften folgendermaßen: „Die gesamte Philosophie ist einem Baum vergleichbar, dessen Wurzeln die Metaphysik, dessen Stamm die Physik und dessen Zweige alle übrigen Wissenschaften sind, die sich auf drei hauptsächliche zurückführen lassen, nämlich auf die Medizin, die Mechanik und die Ethik. Unter Ethik verstehe ich dabei die höchste und vollkommenste Sittenlehre, die indem sie die gesamte Kenntnis der anderen Wissenschaften voraussetzt, die letzte und höchste Stufe der Weisheit bildet." (Petermann, s.o.)

Doch mit dem Erfolg der Naturwissenschaften und der Technik nahm auch der Einfluss der alten Fächer ab. Es stellte sich heraus, dass

Fortschritt auf dem Gebiet der Technik keinen Glauben und keine Ethik braucht, ja dass diese nur stören. Der Nobelpreisträger Max Born (1882-1970) stellte lapidar fest: „Die Naturwissenschaft hat die Ethik zerstört."

So kam der deutsche Physiker, Philosoph und Friedensforscher Carl Friedrich von Weizsäcker (1912–2007) zu dem Urteil: „Philosophie stellt diejenigen Fragen, die nicht gestellt zu haben die Erfolgsbedingungen des wissenschaftlichen Verfahrens waren." (Petermann, s.o.)

Diesem Urteil schließen sich heute sicher die meisten Naturwissenschaftler an. Und es entspricht sicher auch heute der Wahrnehmung der Forscher, dass die Geisteswissenschaften Philosophie, Ethik und Theologie ihnen feindlich gesinnt sind, indem sie Grenzen aufzeigen wollen für Forschung und Denken und damit letztlich die Naturwissenschaften einschränken und behindern.

Und doch hat sich in den letzten 20 Jahren ein neues Denken entwickelt, das danach fragt, wo Wissenschaft und Technik enden werden. Plötzlich stehen wieder ethische Fragen im Vordergrund. Angefangen hat es mit den Gedanken von Jaques Rousseau (1712-1778), der als einer der ersten die Naturwissenschaften kritisierte: „unsere Seelen sind in dem Maße verdorben, in dem unsere Wissenschaften und unsere Künste vollkommen geworden sind."

Wie ist es zu diesem Umschwung gekommen? Naturwissenschaftliche Forschung hat Auswirkungen auf die Technik. Der grandiose Siegeszug der Technik war es, der die Forschung wiederum beflügelte. Mit Hilfe neuer Technologien hoffte man das Paradies auf Erden zu erreichen. Mit der Entwicklung von Atomkraftwerken konnte man das Energieproblem lösen. Mit modernen LKW und PKW ließ sich die Versorgung aller Menschen sichern. Durch moderne Landwirtschaft und Gentechnik konnten die Hungersnöte der Welt spürbar gesenkt werden und durch den Einsatz moderner Medizin stieg die Lebenserwartung der Menschen in den entwickelten westlichen Ländern auf über 80 Jahre.

Der Einsatz von moderner Informatik schließlich verknüpfte alle Menschen der Welt. Eine völkerübergreifende Verständigung war nun einfach geworden. Ein goldenes Zeitalter konnte beginnen.

Doch all diese – unbestritten – positiven Entwicklungen zeigten plötzlich eine bisher verborgene zweite, unheimliche Seite. Die naturwissenschaftlich und technisch faszinierende Forschung auf dem Gebiet der Kerntechnik führte zur Entwicklung der Atombombe. Der Abwurf von Atombomben 1945 in Hiroshima und Nagasaki machte auf einen Schlag klar, welches schreckliche Potential in der Technik stecken kann. Es wurden erste grundsätzliche Fragen an die Naturwissenschaftler gestellt. Der Schriftsteller Friedrich Dürrenmatt stellte 1961 in seinem Schauspiel „Die Physiker" die wichtige Frage: Darf Wissenschaft grenzenlos forschen und experimentieren? Aufgenommen wurde diese Diskussion auch in vielen „Frankenstein" Filmen, wo aufgezeigt wurde, wohin medizinische Experimente führen können.

Auch die deutschen Physiker um Heisenberg und von Weizsäcker standen nach dem Krieg unter dem Verdacht eine Atombombe entwickelt zu haben. Sie wurden deshalb von den Siegermächten inhaftiert und ihre Gespräche wurden abgehört. Man erhoffte sich Auskunft über den Stand der Atomtechnik im besiegten Deutschland. Aus den 1945 abgehörten Gesprächen geht hervor, dass die Wissenschaftler auch ethische Fragen diskutierten und erschrocken über die Auswirkung der amerikanischen Atombomben waren. War die Wissenschaft am Ende? Sie entschlossen sich den Menschen zu zeigen, dass Kerntechnik neben einer bösen Seite auch eine gute Seite hat. Sie entschieden sich zur friedlichen Nutzung der Kernenergie mit dem Ergebnis, dass Deutschland bis 2010 führend bei dem Bau und der Technik der Kernkraftwerke war.

Doch verschiedene Vorkommnisse beim Kraftwerksbetrieb und die Unfälle 1986 in Tschernobyl und 2011 in Fukushima zeigten, dass es eine eindeutig gute Seite nicht gibt. Auch die noch ungelöste Entsorgung der radioaktiven Abfälle bereitet vielen Bauchschmerzen. Der

Ethiker Thomas Petermann drückte das so aus: „Technik und industrielle Produktion haben ein gewaltiges Potential zur Überwindung des menschlichen Leidens und seiner Abhängigkeit von der Natur bereitgestellt, zugleich aber entspringt aus ihrer Anwendung eine bisher unbekannte Summe nicht intendierter Folgekosten, die weder vollständig kalkulierbar, noch wirklich souverän zu bewältigen sind." (Petermann, s.o.)

Der Philosoph Hans Jonas (1903-1993) schreibt in seinem Buch „Das Prinzip Verantwortung" über das gleichen Thema: „nicht nur dann, wenn die Technik für böse Zwecke missbraucht wird, sondern selbst, wenn sie gutwillig für ihre eigentlichen und höchst legitimen Zwecke eingesetzt wird, hat sie eine bedrohliche Seite, die langfristig das letzte Wort haben könnte." (Jonas, 1979)

Diese bedrohliche Seite wird in der Diskussion über die Treibhausgase deutlich. Heute ist die Mehrzahl der Forscher der Meinung, dass der technische Fortschritt die Ursache für den momentan gemessenen weltweiten Anstieg der Temperatur auf der Erde ist. Dieser Anstieg fordert heute schon durch Unwetter und Klimakatastrophen sehr viele Opfer. Wie hoch werden diese Opfer sein, wenn der Temperaturanstieg weitergeht? Viele Forscher, so z.B. der Astrophysiker Hawkings sagen bereits das Ende der Menschheit innerhalb der nächsten 100 Jahre voraus (BBC Dokumentation, 7.5.2017).

Diese Vorhersagen sind sicher mit Vorsicht zu genießen. Steckt dahinter doch oft nur der Wunsch, für bestimmte Zwecke Forschungsgelder zu erhalten. So fordert Hawking die Auswanderung des Menschen auf andere Planeten. Aber selbst bei einem gesunden Misstrauen wird man doch feststellen können, dass sicher die technische Entwicklung positiv war und auch weltweit positive Auswirkungen hatte, dass aber im Gegensatz zu früher negative Auswirkungen nicht nur Einzelne, sondern die ganze Welt betreffen können. So können z.B. im Labor Strahlenmesstechnik der Hochschule Ulm noch heute die Wirkungen der

Atombomben in Hiroshima und Nagasaki, sowie die Folgen des Atomunfalls in Tschernobyl selbst im Bereich Ulm messtechnisch nachgewiesen werden.

Auch wenn die Menschheit inzwischen weltweit versucht auf die Gefahren des Fortschritts zu reagieren, indem sie Klimakonferenzen einführt und Gespräche über den Abbau von Atombomben führt, so kommt doch das Ganze nicht so recht voran.

An dieser Stelle sei die provozierende Frage gestellt: Kann die Wissenschaft sich selbst retten? Ist die Wissenschaft überfordert, wenn sie versucht die ganze Verantwortung auf sich zu nehmen, um allein nach Lösungen zu suchen?

Schon Hans Jonas hatte über die Naturwissenschaften angemerkt: „So kommt es, dass die Technik, dieses kühl pragmatische Werk menschlicher List, den Menschen in eine Rolle einsetzt, die nur die Religion ihm manchmal zugesprochen hatte: die eines Verwalters oder Wächters der Schöpfung ..." (Jonas, 1979)

Wäre es nicht an der Zeit, dass die Wissenschaft sich auf ihren Bereich beschränkt und anerkennt, dass es noch eine zweite Wirklichkeit gibt, die der Religionen, und dass die Probleme der Menschheit nur gemeinsam zu lösen sind. Dass die Wissenschaft es nicht alleine kann, steht momentan leider zu befürchten. Auch weltweite Klimakonferenzen führten bisher nicht zu einem einheitlichen Vorgehen. Immer wieder scheren einzelne Staaten aus oder machen sich nur halbherzig an die Umsetzung der vereinbarten Aktionen.

Dazu muss aber die Wissenschaft bescheidener werden. Sie muss anerkennen, dass sie über einen beschränkten Horizont verfügt. Sie muss ihre Anmaßung, für alles kompetent zu sein, aufgeben und dies auch vor der Gesellschaft deutlich kundtun.

Dass die Naturwissenschaften den Menschen inzwischen beherrschen, aber keiner so recht weiß, wohin dies führen soll, drückt J.

Barzun in einem Vorwort so aus: dass die „…westliche Gesellschaft gegenwärtig die Wissenschaft beherbergt wie einen mächtigen und geheimnisvollen Gott. Unser Leben wird von seinen Werken verändert, aber die Bevölkerung des Westens ist von einem Verständnis dieser seltsamen Macht wohl ebenso weit entfernt wie ein Bauer in einem abgelegenen mittelalterlichen Dorf es von einem Verständnis der Theologie des Thomas von Aquin gewesen ist. Und was schlimmer ist: Die Lücke ist heute sichtbar größer, als sie vor hundert Jahren war." (J. Barzun, Vorwort in Stephen Toulmin, Voraussicht und Verstehen. Ein Versuch über die Ziele der Wissenschaft, Frankfurt 1968)

Doch obwohl das Ziel und die Macht der gegenwärtigen Wissenschaft nicht geklärt sind, so breitet sich doch die Naturwissenschaft mit ihren Methoden und Anwendungen immer weiter aus. Gleichzeitig wächst auch das Bewusstsein, dass Forschung und Entwicklung nicht so weiterlaufen können wie in den vergangenen Jahrzehnten. Es wird verstärkt nach ethischen Maßstäben gesucht. Begriffe wie „Nachhaltigkeit" sind ein Ergebnis dieser Suche. Könnte dies nicht ein Gebiet sein, wo sich Naturwissenschaften und Religion gegenseitig befruchten oder reicht eine Ethik, die ohne Gott auskommt?

Ist Glaube noch vernünftig?

Wie schon mehrmals beschrieben, dringt die Naturwissenschaft immer weiter in die messbare und erfahrbare Welt des Menschen ein. Für die ewige Frage, wie aus Nichts die Welt entstanden ist, gibt es ein plausibles physikalisches Modell des Urknalls. Auch die Entstehung des Menschen in der Zeugung wird durch die Gentechnik immer mehr entschlüsselt. Selbst das Denken der Menschen kann von Neuronalbiologen erklärt werden. Sicher, es gibt noch viele offene Fragen. Aber diese Fragen werden von den Forschern Stück für Stück abgearbeitet. Offen ist die Frage, ob es den Menschen letztlich gelingt – wie es Stephan Hawking sagt – den letzten Bauplan Gottes zu entschlüsseln und damit die Frage nach dem „wie" der Welt und des Menschen endgültig zu beantworten. Eine Welt, die für das Eingreifen Gottes und für Wunder keinen Platz mehr lässt. Macht diese Naturwissenschaft einen Gott überflüssig? Ist die Frage nach einem „warum", nach einem Sinn und einem Ziel nicht irrelevant geworden?

Diese Frage wird von den meisten Naturwissenschaftlern bejaht. So stellt die Association of Young Free Thinkers auf dem Congrès in Liège, 1965, lapidar fest: „Die Wissenschaft (Science) leugnet nicht Gott, die Wissenschaft geht weiter, sie macht Gott überflüssig" (New York: Bantam Books, p.54)

Als Folge lehnt die Mehrzahl der führenden Wissenschaftler die Religion ab bzw. macht sich darüber keine Gedanken (Umfrage von Scientific American, Sept. 1999, S. 89-93).

In den Medien nehmen Themen über Wissenschaft einen hohen Stellenwert ein, da sie bei Lesern beliebt sind. So zählen Artikel über Sex, Sports und Science zu den drei Hauptthemen von verschiedenen Zeitschriften, wobei der Focus jeweils auf einem anderen Gebiet liegen kann.

Entsprechend spiegelt sich die Meinung der Wissenschaftler, dass der Glaube an einen Gott überflüssig geworden ist, auch in den Berichten der Zeitschriften und letztlich beim Leser wieder.

Und so stellen sich viele die „überflüssige" Frage nach Gott nicht mehr. Es geht auch ohne, und mit Einstein können wir uns zurücklehnen und zufrieden feststellen:

„Seht die Sterne, die da lehren

wie man soll den Meister ehren

jeder folgt nach Newtons Plan

ewig schweigend seiner Bahn."

(Quelle: Stephen M. Barr, Modern Physics and ancient faith, Indiana 2003, ISBN 10: 0-268-03471-0) (Barr, 2003)

Schon lange vorher (ca. 1802) wurde dem Mathematiker Pierre-Simon Laplace (1749-1827) – einer Anekdote nach – von Napoleon die Frage gestellt: „Warum kommt Gott in ihrem Werk nicht vor?" Seine Antwort: „Ich brauche keine solche Hypothese!"

Als der Mathematiker Joseph-Luis Lagrange (1736-1813) später davon hörte, soll er hinzugefügt haben: „Oh, aber es ist eine wunderbare Hypothese. Sie erklärt so viel."

(Samuelson, Paul. (1965). "Causality and Teleology in Economics", The Hayden Colloquium on Scientific Method and Concept; in: The Collected Scientific Papers of Paul A. Samuelson, Volume 3 (pg. 444). MIT Press, 1972.) (Samuelson, 1972)

Wir kommen hiermit direkt zu drei entscheidenden Fragen:

1. was kann Glaube erklären, was die Naturwissenschaft nicht kann?
2. hilft Glaube mir und der Menschheit?
3. ist die Realität des Glaubens nachweisbar und erfahrbar?

Erst wenn mindestens eine dieser Fragen bejaht werden kann, werden wir Glaube als vernünftig bezeichnen können. Ansonsten ist er eine überflüssige Hypothese.

Realität außerhalb der Physik

Physik beschränkt sich auf messbare Phänomene und auf leblose Materie. Diese Definition und Beschränktheit wurde bereits am Anfang erläutert. Dabei ist die Beschränkung auf leblose Materie heute irrelevant geworden. Auch biologische Systeme und damit letztlich der Mensch lassen sich durch das Zusammenspiel von Energie und Kräften erklären. Es gibt noch enorme Wissenslücken. Ob jemals alles verstanden und erklärt werden kann, ist eine offene Frage. Aber die Lücken werden von Tag zu Tag kleiner.

Und doch bleibt die Einschränkung des Messbaren bestehen. Wo es aber Messbares gibt, da ist nicht auszuschließen, dass es auch nicht Messbares gibt. Dieses letztlich nicht fassbare haben die Menschen mit dem Begriff Gott (bzw. Götter) umschrieben. Ist dieser Gott mehr als nur reine Spekulation? Lohnt es überhaupt, sich darüber Gedanken zu machen?

Behandeln wir diese Fragen zunächst anhand des christlichen Glaubens. Am Anfang des christlichen Lebens steht das Bekenntnis zu dieser zweiten Realität, die sich im Glauben zeigt. Das Leben als Glaubender beginnt mit der Taufe. Das hört sich zunächst falsch an. Beginnt nicht jedes Leben mit der Geburt oder mit der Verschmelzung von Eizelle und Same?

Und doch ist die Taufe für den Gläubigen der Beginn eines neuen, „geistlichen" Lebens. Wie bei der natürlichen Geburt das Kind das Fruchtwasser und die Gebärmutter verlässt, so wird in der Taufe das Kind neu geboren. Dies wurde früher durch Untertauchen in Wasser symbolisch nachvollzogen. Heute wird das Kind mit Wasser übergossen. Danach bekommt es ein weißes Kleid zum Zeichen dafür, dass heute ein „neues" Leben beginnt.

In der Taufe bekommt der Gläubige gleich zwei Antworten auf Fragen, die der Naturwissenschaftler nicht stellen und nicht beantworten kann: Das Leben kommt von Gott. Es ist deshalb unendlich wichtig und heilig. Dies wird in der Taufe ausgedrückt durch die Salbung mit Chrisam. Und das Leben endet nicht mit dem natürlichen Tod, sondern geht weiter. Ein gelungenes christliches Leben wird in der Herrlichkeit eines liebenden, barmherzigen Gottes enden. Einem nicht gelungenen bleibt die Herrlichkeit Gottes verwehrt.

Die Orientierung für ein gelungenes Leben findet der Christ in der Person Jesus Christus, wie sie in der Bibel beschrieben und wie sie von der Gemeinschaft der Gläubigen (Kirche) überliefert wird. Durch Jesus Christus wird der Wille Gottes offenbar. Er zeigt uns, wie man zu Gott kommt. Wer ihm folgt, spürt die Anwesenheit Gottes und seine Güte schon heute. Wer ihm nachfolgt, wird nach dem Tod bei Gott sein und seine Herrlichkeit schauen.

Damit scheint eine Frage zunächst beantwortet: Der Glaube kann Fragen beantworten, auf die die Naturwissenschaft keine Antwort geben kann: Nach dem Woher und Wohin des Lebens. Dazuhin kann der Glaube dem Gläubigen für sein Leben Richtung, Trost und Zuversicht geben.

Doch es bleibt der wichtige Einwand: Alles Hirngespinste! Alles von den Menschen erfunden und nicht nachprüfbar!

Mit gutem Grund glauben

Auch wer den Glauben an Jesus Christus nicht teilt und nur Fakten zulässt, wird zugeben müssen:

- Jesus Christus hat wirklich gelebt und ist eines gewaltsamen Todes gestorben.
- Jesus Christus hatte auch nach seinem Tod noch Anhänger, die dann innerhalb von 150 Jahren verschiedene Aufzeichnungen über das Leben Jesu und das Leben seiner ersten Anhänger hinterließen. Diese Aufzeichnungen stimmen in allen wichtigen Punkten überein.

Diese Tatsachen sind historisch nachweisbar!

Sind jedoch die Inhalte der Aufzeichnungen (Jesus hat gelebt, er hat gepredigt, er verkündet das Reich Gottes, er ist gewaltsam gestorben, er ist auferstanden) alle nachweisbar?

Diese Frage darf nicht leichtfertig beantwortet werden. Als Naturwissenschaftler wagt man sich hier auf ein Gebiet, in dem sich seit 2000 Jahren Fachleute der Theologie und Bibelwissenschaftler tummeln, so dass man als Außenstehender zuweilen den Überblick verliert. Dazu kommt, dass der Begriff Wissenschaft in der Theologie sehr konträr diskutiert wird. Wenn also Theologen über Wissenschaft sprechen, dann ist das oft in einem anderen Kontext, wie dies Naturwissenschaftler tun.

Da es sich bei den Aufzeichnungen der Anhänger über Jesu aber um Glaubensaussagen außerhalb der physikalischen Welt handelt, müssen wir andere Methoden zur Beweissicherung, zur Überprüfung ihrer Glaubwürdigkeit heranziehen. Die Methode der Bibel ist die der Zeugen. Schon die vier Evangelisten empfinden sich selbst als Zeugen, die durch ihr geschriebenes Wort Werbung für die Sache Jesu machen. Den

Wahrheitsgehalt (wahr im Sinne des Glaubens!) ihrer Texte machen sie überprüfbar, indem sie eine Vielzahl von Zeugen nennen. Da besonders die Auferstehung Jesu von den Toten für sie sehr wichtig war, haben sie sich diesem heiklen Punkt besonders zugewandt und sowohl die Erlebnisse einiger Zeugen ausführlich geschildert, als auch die Namen von Personen genannt, die weiter als Zeugen befragt werden können.

Doch gerade bei der Beschreibung der Zeugen wird deutlich, dass wir uns außerhalb der Physik bewegen, dass wir keine naturwissenschaftlichen Maßstäbe anwenden dürfen. Es wird geschildert, wie der Auferstandene durch geschlossene Türen kommt; es wird beschrieben, dass ihn sogar seine eigenen Jünger zunächst nicht mehr erkannten, auch wenn er mit ihnen nach Emmaus unterwegs war. All dies zeigt, dass wir das physikalische Werkzeug weglegen müssen, um anders nach der Wahrheit zu forschen.

Es geht in einem ersten Schritt darum: Akzeptieren wir die Aussagen der Zeugen als Beweis oder glauben wir ihnen nicht?

Zwei Realitäten: Wunder

Wie jede Religion, so kennt auch die christliche Religion den Begriff des Wunders. Auf wundersame Weise verschwinden bei den Heilungswundern von Jesu Krankheiten, auf wundersame Weise wird das Gebet des Gläubigen erhört und auf wundersame Weise wird Jesus von den Toten auferweckt. Hierbei setzt der christliche Glaube ein Eingreifen Gottes voraus: Gott wird aktiv – er handelt und verändert etwas. Dass die Auferstehung von den Toten nicht physikalisch gemeint ist, das wurde schon oben erläutert. Zwar können die Jünger den Auferstandenen sehen und ihn berühren. Aber er kommt durch verschlossene Türen oder befindet sich plötzlich unerkannt auf dem Weg nach Emmaus.

Aber wie ist es mit den anderen Wundern in der Bibel. Wie schon ausführlich erklärt, kann das große Wunder der Schöpfung auch naturwissenschaftlich durch das Modell des Urknalls erklärt werden.

Nehmen wir ein Wunder aus dem Alltag: Ein älterer Herr erzählt, dass er im Krieg war. Er hat gebetet, dass er den Krieg überlebt. Und im Gegensatz zu vielen seiner Kameraden, die gestorben sind, hat er wirklich als einziger überlebt. Für diesen Mann ist sein Überleben ein durch sein Gebet und dadurch ein Eingreifen Gottes bewirktes Wunder. Ist dies abstrus? Für den Mann nicht, denn seine gemachte Erfahrung des Überlebens wird dadurch erklärt. Außerdem wird die Deutung, dass Beten etwas bewirken und sogar Wunder bewirken kann auch von vielen anderen religiösen Menschen geteilt. Und so ist das Wunder für diesen Menschen Realität!

Dieser Wunderglaube, wie er den Religionen zu eigen ist, hat zwei Gefahren:

Ich darf seine Deutung nicht auf andere anwenden! Wenn ich als Gläubiger sage, dass z.B. das Gebet mir geholfen hat, dann ist diese Aussage nur für meine Person zutreffend und real. Sie darf nicht verallgemeinert werden. Das würde sonst nämlich im obigen Beispiel bedeuten, dass alle Kameraden, die gestorben sind, keinen Glauben hatten und nicht richtig gebetet haben. Es kann nämlich nicht ausgeschlossen werden, dass die gestorbenen Kameraden auch ihr tödliches Schicksal als wunderbar und als Gott nah empfunden haben. Das ist nicht an den Haaren herbeigezogen. Die christliche Religion lehrt, dass auch gerade im Leiden ein erfülltes Leben – Christen würden sagen Gottesnähe – spürbar sein kann.

Nur so ist die Katastrophe für einen betenden Christen in Lissabon, 1755 auszuhalten. Es war Allerheiligen, die Gläubigen befanden sich in den Kirchen beim Gottesdienst, als Lissabon von einem großen Erbeben erschüttert wurde. 100 000 von den 250 000 Einwohnern der Stadt starben, darunter die meisten in den Kirchen, die durch das Erdbeben fast vollständig zerstört worden waren. Der Glaube ist doch ein gutes Modell für den Menschen, wenn er selbst in diesen Situationen noch Kraft und Sinn geben kann. (Physics and Cosmology, Science Perspectives on the Problem of Natural Evil, Volume I, Nancey Murphy, Robert John Russell, William R. Stoeger, Center for Theology and Natural Science)

Die zweite Gefahr ist, dass der Gläubige darauf beharrt, dass auch physikalische Gesetze durch Gottes direktes Eingreifen verändert wurden. Im Falle des vom Krieg zurückgekehrten Soldaten mag es dieser durchaus als Wunder begreifen, dass z.B. eine gegnerische Kugel genau seine Taschenuhr getroffen hat und so wirkungslos blieb. Aber dieses Treffen der Taschenuhr – so unwahrscheinlich es ist – kann auch durch Zufall erklärt werden. Und wenn die Mathematiker nachrechnen, dann werden sie wahrscheinlich finden, dass es eben völlig normal ist, wenn bei tausend Schüssen auf Menschen einen eben eine Taschenuhr trifft und die Person damit einfach Glück gehabt hat. Als überzeugendes Argument für den anderen (!) können deshalb Wunder nicht gelten. Es muss eine eigene nichtphysikalische Glaubenserfahrung dazu kommen.

Ist es ein Alleinstellungsmerkmal der Religionen, ins besonders der christlichen, dass sie den Sinn von Unheil und Katastrophen erklären kann? Dass die Religionen sich auch schwertun, das als ungerecht empfundene Unheil zu erklären, zeigt die Frage nach der Theodizee. In ihr wird untersucht, warum ein eigentlich guter und liebender Gott Böses zulassen kann. Dabei wird unterschieden zwischen dem Unheil, das durch den Menschen kommt (z.b. Krieg) und dem Unheil als Folge von Naturkatastrophen (Erdbeben von Lissabon, Tsunami, ...).

An den letzten Beispielen wird schnell klar, dass z.b. bei Unheil als Folge von Naturkatastrophen die Physik letztlich sehr wohl in der Lage ist, diese zu erklären. Schwerer wird es schon bei durch menschliches Handeln verursachtem Unheil. Auch hier gibt es Antworten der Wissenschaft.

So bezeichnet die 1951 geborene amerikanische Philosophin Nancey Murphy die Naturkatastrophen als ein „Finetunig" der Schöpfung. Selbst das durch den Menschen verursachte Böse soll letztlich nur das Überleben sichern. Als Beispiel kann die Strategie des Pelikans gelten: Normalerweise bekommt ein Pelikan zwei Junge. Die Nahrung reicht aber nur für eines. So setzt der Pelikan ein Junges an den Rand des Nestes und füttert nur das andere. Das am Rande sitzende verhungert langsam. Sein Sinn bestand darin ein Ersatz zu sein, wenn das bevorzugte sterben sollte. So dient das Böse letztlich dazu, dass sich das Gute durchsetzt. (Nancey Murphy, 2007)

Es bleibt festzuhalten: Gute und schlechte Erfahrungen sind letztlich kein rationaler Grund für oder gegen den Glauben. Der Gläubige, der sich mit Gott einlässt, kann letztlich in beiden Erfahrungen eine Ermutigung und einen Trost finden, auch wenn dies für Außenstehende zunächst nicht erklärbar ist.

Wissen und Glaube: zwei Modelle – zwei Welten

Noch im Mittelalter war die Welt des Religiösen für die allermeisten Menschen Realität. Eine Beschäftigung mit den Wissenschaften wurde von Theologen durchgeführt. Die Theologie hat die Wissenschaft dominiert. Es gab keine zwei Bereiche, da die Wissenschaft der Theologie untergeordnet war. Dies galt in weiten Bereichen auch für die Musik und die Architektur. Die besten Architekten und Bauleute wurden beschäftigt, um im Dienst der Kirche Kathedralen zu erstellen, deren Größe und Pracht den Menschen ein Hinweis auf Gott und seine Allmacht sein sollten. Kirchtürme waren ein architektonischer Fingerzeig, der das Auge der Menschen direkt auf den Himmel lenken sollte. Gottesdienste mit göttlicher Kirchenmusik neuer und alter Komponisten finden bis heute bei vielen Menschen ein offenes Ohr und lassen etwas Überirdisches spüren. Doch großartige Malerei, Architektur und Musik sind heute auch außerhalb der Kirchen zu finden. Der Trump-Tower in New York und das Pentagon in Washington sind heute bekannter als die Kirchen dort. Kirchliche Kunst und Musik fristen heute meist ein Schattendasein und auch in den Wissenschaften dreht sich nicht mehr alles um die Theologie.

Spätestens mit Darwin setzte in der westlichen Welt eine Absetzbewegung ein. Die Naturwissenschaften machten sich selbstständig und gründeten auch an Universitäten eigene Fakultäten. Inzwischen ist in der westlichen Welt das Verhältnis umgekehrt. Die Naturwissenschaften dominieren eindeutig. Es gibt viele Universitäten ohne Theologie. Um überhaupt zu überleben versucht die Theologie verzweifelt nachzuweisen, dass sie auch wissenschaftlich arbeitet.

Der an der katholischen Ruhruniversität an der theologischen Fakultät angesiedelte Benedikt Paul Göcke forscht „zur Frage, ob Theologie eine Wissenschaft ist, die an die Universität gehört." (Quelle:

www.global-young-faculty.de). Seine These beschreibt er 2017 in einem Artikel zum Thema „Theologie als Wissenschaft". Darin heißt es: „Der Status der Theologie als Wissenschaft wird sowohl von Seiten des Naturalismus als auch von Seiten der Wissenschaftstheorie angezweifelt. Im Folgenden werden zentrale Argumente gegen die Wissenschaftlichkeit der Theologie analysiert. Es zeigt sich, dass die katholische Theologie über Ressourcen verfügt, die gegen sie vorgebrachten Argumente zu entkräften, und darüber hinaus einen Beitrag zur wissenschaftstheoretischen Rechtfertigung der Möglichkeit von Wissenschaft als solcher zu leisten." (Göcke, Theologie und Glaube, 2017)

Auch wenn Göcke die Frage, ob Theologie an die Universität gehört, nach langer Argumentation bejaht, so bleibt die Frage, ob seine Argumentation auch auf Dauer gesellschaftlich Anerkennung findet. Denn es ist auch eine finanzielle und damit politische Frage, welche theologischen Fakultäten die Bundesländer in Zukunft finanzieren wollen.

Eine grundsätzlichere Frage ist, ob die Theologie nicht unnötig Glaubwürdigkeit und Energie verschwendet, indem sie immer wieder versucht im Sog der Naturwissenschaften mitzuschwimmen? Könnte nicht eine Abkoppelung vom derzeitigen Mainstream an den Universitäten mit all seinen durch die Naturwissenschaften gegebenen Randbedingungen der Profilierung und Eigenständigkeit der Religion und auch den Kirchen nützen. Eine „Entweltlichung" (Papst Benedikt XVI) mit dem Ziel der Konzentration auf das eigentliche.

Was aber bringt Religion und Glaube für die Gesellschaft? Wird nämlich diese Frage mit der Antwort „nichts Entscheidendes" beantwortet, dann wäre Glaube und Religion zwar etwas für die Fragen des einzelnen Menschen. Für die Gesellschaft aber wäre sie ohne weitergehende Konsequenz und damit unwichtig.

Was bringt Religion für die Menschheit?

Auch wenn es vielen Gläubigen wehtut: im Moment besteht der Eindruck, dass Religion Schlechtes bringt. Wobei es vor allem der Glaube und die Taten einiger extremistischen und islamistischen Gruppen sind, die dieses Bild durch weltweiten Terror und Angst prägen. Und dieser Terror ist auch im Zentrum der katholischen Kirche in Rom deutlich zu spüren. Überall stehen gepanzerte Fahrzeuge und Soldaten mit Maschinengewehren. Besuche in Kirchen und Museen oder der Besuch von Gottesdiensten erfolgen erst nach ausführlicher Personenkontrolle und Gepäckdurchleuchtung. Die Freiheit des Einzelnen wird beschränkt!

Es ist somit keine Frage: Die Religion und der Glaube haben Einfluss auf die Gesellschaft! Ist es nicht paradox? Hatten nicht die Philosophen der letzten Jahrhunderte das Ende Gottes und der Religionen vorhergesagt, so erleben wir jetzt ein Aufleben von Religion, deren Konsequenzen bis in das Privatleben des Einzelnen hineingreifen. Bringt die Religion nur Schlechtes?

Hier gilt es klar zu differenzieren. Der Terror wird im Moment nur von einer Religion – dem Islam – verursacht. Und von der islamischen Religionsgemeinschaft ist es wiederum nur eine kleine Gruppe von Fundamentalisten, die Terror unterstützt, obwohl der Islam, wie das Juden- und Christentum an einen liebenden Gott glauben. Wir können also die Antwort präzisieren und gleichzeitig verallgemeinern: Fundamentalismus in den Religionen ist für die Gesellschaft schlecht!

Was bedeutet nun Fundamentalismus? Wir haben oben gesehen, dass die naturwissenschaftliche Sicht auf die Realität sich durch ihre Bedingungen und ihre Annahmen von der des Glaubens unterscheidet. Man kann die Welt durch die Augen des Naturwissenschaftlers und durch die Augen des Gläubigen sehen. Es existieren sozusagen zwei Realitäten. Extremisten zeichnen sich dadurch aus, dass sie jeweils die andere Realität leugnen. Für einen extremistischen Gläubigen existieren nur der Glaube und seine Grundlagen. Er will Staat und Wissenschaft nach den Gesetzen des Glaubens lenken. Forderungen der Bibel oder des Korans sind ohne „wissenschaftliche" Reflexion wörtlich zu nehmen und entsprechend umzusetzen.

Der Extremismus ist auch deshalb prinzipiell zu verurteilen, weil damit nicht beide Realitäten des Menschen beachtet werden. Nach dieser Definition gibt es Extremisten sowohl in den Religionen als auch unter den Naturwissenschaftlern. Die Auswirkungen der religiösen Extremisten sind durch ihre Brutalität derzeit sehr deutlich zu spüren. Wie aber sieht es aus mit den Naturwissenschaftlern, die eine religiöse Dimension ablehnen. Hat dies auch negative Folgen?

Ein Beispiel für einen Sündenfall der Naturwissenschaftler ist – wie bereits erwähnt - der Abwurf der Atombomben durch die amerikanische Luftwaffe in Hiroshima und Nagasaki im Frühjahr 1945. Amerikanische Wissenschaftler hatten im Manhattan Projekt in Rekordzeit sowohl eine Uran-, als auch eine Plutonium-Bombe entwickelt und gebaut. Die Folgen dieser Bomben konnten zunächst nur grob abgeschätzt werden.

Aus diesem Grund wurden 14 Tage vor Abwurf der Atombomben in den jeweiligen Zielgebieten mehrere 100 Wissenschaftler und Ärzte ausgesetzt, die ein riesiges Auswertesystem aufbauen sollten.

Noch während der militärischen Kampfhandlungen zwischen Japan und Amerika wurde zunächst die erste Uran-Bombe erfolgreich über Hiroshima zur Explosion gebracht. Mit so verheerenden Folgen, dass die japanische Regierung zur sofortigen Kapitulation bereit war.

Vertreter der Regierung befanden sich bereits auf dem Weg zur Unterschrift unter den Kapitulationsvertrag, als die Amerikaner noch – militärisch sinnlos – ihre zweite Plutonium Bombe in Nagasaki abwarfen.

Die Begründung für diesen zweiten Bombenabwurf kann nur darin gefunden werden, dass die Wissenschaftler wissen wollten, ob auch die Plutonium Bombe funktioniert. Interessant ist, dass die Ärzte und Wissenschaftler zwar die Folgen der Bomben genau ausmaßen und protokollierten, dass aber eine Hilfe für die Menschen nicht erfolgte (vielleicht auch nicht erfolgen konnte). Noch heute profitiert die Wissenschaft aus diesen genauen Messungen radioaktiver Strahlung und ihren Folgen für die Menschen.

Doch schon kurze Zeit nach Abwurf der Bomben setzte – auch unter den Wissenschaftlern – eine Diskussion ein. Ist die messtechnische Sicht der Welt die einzig zulässige? Darf der Wissenschaftler alles was er kann? Gibt es Normen außerhalb des Wertesystems des Wissenschaftlers, die auf seine Arbeit anzuwenden sind? Es wurde die Frage nach der Religion laut, einer Religion, die Antworten auf das letztliche Ziel und damit auch auf die Methoden, wie dieses Ziel zu erreichen ist, geben kann. Religionsübergreifend wurde der Ruf nach einer für die Wissenschaft gültigen Ethik laut.

Auch auf anderen wissenschaftlichen und technischen Gebieten sind in den letzten Jahrzehnten neue Fragen aufgetaucht. Es ist zumindestens in Deutschland inzwischen allgemein anerkannt, dass z.B. auf dem Gebiet der Gentechnik und hierbei insbesonders die Anwendung der Gentechnik am Menschen ethische Aspekte zu berücksichtigen sind.

Gleiches gilt für die Fragen nach dem Beginn und Ende des menschlichen Lebens. Quer durch alle Gesellschaftsschichten wird diskutiert, wann ein werdendes Leben schützenswert ist und wieweit unser medizinscher Aufwand zur Verlängerung des Lebens bei alten und kranken Menschen gehen soll. Auf diesen Gebieten hat zumindest die katholische Kirche deutlich Stellung bezogen, wofür sie zuweilen die Prügel der Gesellschaft bezieht. Doch auch wenn man die Positionen der Kirche nicht teilt, für eine gesellschaftliche Diskussion um geltende Normen sind sie – schon um der Vielfalt willen – unerlässlich.

Auch in Fragen des Tierschutzes und des Umweltschutzes gibt es von den Kirchen durchaus beachtungswerte Stellungnahmen. Leider finden diese in der Öffentlichkeit oft nicht genügend Resonanz. Eine Ursache mag sicher darin liegen, dass die Konfessionen oft mit unterschiedlicher Stimme sprechen. So gibt es mal eine Erklärung von evangelischer Seite und ein anderes Mal von katholischer Seite, wobei die vielen evangelischen Freikirchen noch nicht berücksichtigt sind. Dass aber Umweltkatastrophen und eine menschlich verursachte Klimakatastrophe – wie sie von vielen Wissenschaftlern vorhergesagt wird - nur mit vereinten Kräften verhindert werden kann, sollte Wissenschaftler und Religionen zum gemeinsamen Handeln antreiben.

Mark Twain (1835 – 1910) soll mal gesagt haben: „Auf dieser Welt haben wir die katholische Kirche schon oft sterben gesehen... schon viele Jahrhunderte. Schon mehrmals wollten wir sie beerdigen, aber irgendetwas wie schlechtes Wetter oder ähnliches ist immer dazwischengekommen. ... Anscheinend ist eines der unsichersten Dinge auf der Welt das Begräbnis einer Religion." (Philip Jenkins, The New Anti-Catholicism, Oxford 2003, S. 207)

Wenn jetzt in unserer Zeit der Terror durch religiöse Extremisten wieder aufgeblüht ist, so ist es eine Illusion der Wissenschaftler zu glauben, dass die Lösung darin besteht, alle Religionen zu beerdigen. Die Lösung dieses Problems kann und wird nur durch die Einbeziehung der religiösen Dimension der Menschen und ihrer Religionen gelingen. Deshalb ist es wichtig, dass wir der Religion des Hasses und des Terrors einiger weniger eine Religion der Liebe und der Toleranz entgegensetzten. Es ist notwendig, dass sich bei diesem weltweit wirkenden Terror die Religionen auch weltweit zusammenschließen, um gemeinsam gegen diesen Terror vorzugehen.

Warum Ökumene so wichtig ist?

Ein Kennzeichen der modernen Welt ist ihre Vernetzung. Mit dem Internet können wir weltweit kommunizieren und Informationen abrufen. Mit modernen Verkehrsmitteln erreichen wir zu bezahlbaren Preisen innerhalb von 24 Stunden jeden Punkt der Erde. Die Wirtschaft handelt global. Unsere Hemden kommen aus China oder Taiwan, unser Handy aus Korea und unser Wohnzimmerschrank aus Schweden. Auch die Firmen haben sich global aufgestellt. Entsprechend müssen leitende Angestellte einsatzbereit für die Arbeit auf verschiedenen Kontinenten sein.

Auch die mit der Wirtschaft und der Technik zusammenhängenden Risiken sind global. Wenn die Klimakatastrophe kommt, dann wird sie globale Auswirkungen haben. Wenn ein großes Wirtschaftssystem zusammenbricht, dann hat dies weltweite Auswirkungen.

Aus diesen Gründen brauchen wir für die globalen Fragen auch von den Religionen letztlich globale Antworten. Momentan gibt es in Deutschland neben der evangelischen und katholischen Kirche noch unzählige Splittergruppen. Auch ist die evangelische Kirche sehr stark in eigenständige Landeskirchen aufgeteilt, so dass es ihr zuweilen sehr schwer fällt mit einer Stimme zu sprechen.

In Deutschland gehören laut Statistik 2015 etwa 24 Millionen Menschen (28,9%) der römisch-katholischen Kirche an (Quelle: Deutsche Bischofskonferenz), 22 Millionen (27,1%) der evangelischen Kirche (Quelle: Evangelische Kirche Deutschlands). Etwa 29 Millionen (35%) (Quelle: Forschungsgruppe Weltanschauungen) bezeichnen sich als konfessionslos. Muslimische Gläubige werden auf 3,5 Millionen (ca.4%) geschätzt – hier liegt keine genaue Angabe vor, weshalb die Zahlen auch stark schwanken.

Auch wenn im Moment der Anteil der evangelischen und katholischen Christen gemeinsam noch bei etwa 56% liegt, so könnte dieser Anteil in den nächsten Jahren unter 50% absinken. Um gesellschaftlich relevant zu bleiben müssen die Konfessionen notgedrungen zusammenarbeiten. Nur so können sie effektiv mit gewichtiger Stimme an der Zukunft der Menschen mitarbeiten. Diese Zusammenarbeit darf die derzeit wachsende Anzahl an muslimisch Gläubigen nicht ausschließen.

Allen Überlegungen geht die Grundannahme voraus, dass die Realität der Welt unter dem Gesichtspunkt der Wissenschaften und dem Gesichtspunkt der Religionen komplementär gesehen werden kann und dass deshalb eine Lösung der „realen" Zukunft und ihrer Probleme nur im gemeinsamen Miteinander von Wissenschaft und Religionen „fruchtbringend" möglich ist.

Was spricht für die römisch-katholische Kirche?

Um es gleich vorneweg zu sagen: es spricht auch einiges gegen die katholische Kirche. Trotzdem wird mit der positiven Sicht begonnen. Einige kritische Anmerkungen werden später gemacht.

Die katholische Kirche in Deutschland ist direkt mit ihrer Zentrale in Rom verknüpft. Alle wichtigen Entscheidungen müssen dort vorgelegt werden und die Leiter der einzelnen Diözesen, die Bischöfe, werden direkt von Rom eingesetzt. Sicher wirkt das auf den ersten Blick sehr undemokratisch, autoritär und antiquiert. Aber es hat den Vorteil, dass die wichtigen Glaubensgrundsätze der Kirche sehr genau überprüft werden und an allen Orten der Welt gleich sind oder zumindest gleich sein sollten. Sicher gibt es auch in der katholischen Kirche eine Vielfalt von Glaubensformen, aber die Zentrale in Rom wacht über die Einhaltung der wichtigen Regeln. Wird dies konsequent durchgeführt, dann werden extremistische Vorgänge frühzeitig erkannt und wenn es gut läuft konsequent korrigiert. Dies kann bis zur Verurteilung einzelner Lehrmeinungen gehen. Dass dies zuweilen bei dem Betroffenen und der Gesellschaft kritisch gesehen wird, liegt auf der Hand und lässt sich letztlich nicht vermeiden. Auf Wunsch kann jeder Gläubige auf offizielle Stellungnahmen der Kirche zurückgreifen und anhand dieser oder des offiziellen Katechismus kontrollieren, ob das, was ihm gelehrt wird, auch dem Glauben der katholischen Gemeinschaft entspricht. Auf diese Weise kann jeder informierte Katholik relativ einfach zwischen religiösen Extremisten und rechtgläubigen Menschen unterscheiden.

Auch in Bezug auf die Wissenschaften haben wir gesehen, dass die katholische Kirche seit Augustinus und Thomas von Aquin eine wissenschaftsfreundliche Stellung einnimmt, so dass der Wissenschaftler sich in der katholischen Kirche wohlfühlen kann. Warum dies aber konkret vor Ort oft nicht der Fall ist und eine deutliche Wissenschafts- und Technikfeindlichkeit in deutschen Pfarreien zuweilen zu spüren ist, ist ein

Problem, das nicht der Gesamtkirche anzulasten ist. Darauf wird später noch eingegangen. Dass hier historisch einiges schiefgelaufen ist, das später dann korrigiert wurde, wurde bereits oben erwähnt.

Weltweite Fragen und Anforderungen erfordern ein weltweites Handeln. Hier ist die römisch-katholische Kirche einzigartig aufgestellt!

So sind etwa 33% der Weltbevölkerung Christen, während sich nur 11.5% als nichtreligiös bezeichnen (davon 50% Atheisten) (Quelle: de.statistica.com, Stand 2010)). Hierbei ist über die Hälfte der Christen (17,7% der Weltbevölkerung, 1,25 Milliarden) katholisch mit steigender Tendenz (Quelle: domradio.de, Stand 2013). Zum Vergleich sind die im Lutherischen Weltbund vereinigten reformierten, evangelischen Kirchen mit 74 Millionen (evangelisch.de, Stand 2016) relativ klein.

Die Zahlen zeigen, dass die katholische Kirche aufgrund ihrer Organisation, ihrer weltweiten Vernetzung und ihrer Größe bestens geeignet ist, weltweit den Kontakt zu den anderen Religionen herzustellen, um gemeinsam mit der Wissenschaft und Politik ein weltweites Vorgehen gegen Terror und die drohenden globalen Herausforderungen zu koordinieren. Um hierbei die Gestaltungskraft der Christen zu erhöhen, wäre die Einheit der Kirche sehr wichtig. Wenn der in der katholischen Kirche für Ökumene in Rom zuständige 69-jährige Kurienkardinal Kurt Koch in einem Interview sagt: „Wir werden die Einheit erleben", dann ist dies deshalb nicht nur für die eine christliche Kirche eine erfreuliche Vision, sondern für die gesamte Menschheit (Quelle: Passauer Bistumsblatt, 14.05.2017, S.1). Treffend drückt er auch in seinem Interview aus, dass bezüglich Terrorismus „Religion immer Teil der Lösung des Problems sein muss und nicht Teil des Problems ist."

Glaube ist vernünftig

Wenn wir akzeptieren, dass das Leben aus zwei Perspektiven betrachtet werden kann, dann ist es nur vernünftig, wenn wir auch diese zwei Perspektiven einmal einnehmen und zumindest mal testen. Dies ist mit der wissenschaftlichen Sicht der Dinge relativ einfach. Hier ist der Mensch, der mit Technik aufgewachsen ist und die Erfolge der Naturwissenschaften täglich vor Augen hat, meist aufgeschlossen. Auch dass unsere Technik und das wirtschaftliche Leben viele Fragen offenlassen, wird noch von den meisten akzeptiert. Schwieriger wird es schon mit der Frage nach dem Sinn unseres Lebens und der Frage, wie es nach unserem Tod wohl weitergehen wird. Diese Fragen werden heute entweder als unbeantwortbar aktiv abgelehnt oder indem man sie verdrängt, passiv auf dem Bewusstsein gelöscht.

Wie wir gesehen haben, ist die Anzahl der Menschen, die sich als Atheisten bezeichnen, in Deutschland mit 6% überraschend klein. Bei den restlichen 94% ist jedoch die Anerkennung der zweiten, göttlichen Realität oft ziemlich diffus. Nur noch wenige - ca. 5% der Gesamtbevölkerung - besuchen regelmäßig am Sonntag einen Gottesdienst. Diese Zahl wird noch weiter reduziert, wenn wir annehmen, dass ein guter Teil dies noch – wie früher oft üblich – aus Tradition tut.

Trotzdem bleibt festzuhalten: 94% der Menschen spüren, dass die rein wissenschaftliche Betrachtung der Welt nicht ausreichend ist und dass es noch eine zweite Ebene geben muss, die auf ihre Fragen Antworten geben soll. Antworten auf diese Fragen nach dem Sinn und Wohin der Welt sind wichtig und daher auch vernünftig.

Wie wir gesehen haben, können der christliche Glaube und auch andere Religionen auf diese Fragen Antwort geben. Dass dies nicht nur eine Behauptung ist, zeigen die religiöse Erfahrung und das religiöse Zeugnis vieler Menschen der Vergangenheit, aber auch der Gegenwart.

Im Gegensatz zu früheren Zeiten spielen aber nicht nur Fragen der Zukunft des einzelnen Menschen, sondern immer mehr auch Fragen der Zukunft der ganzen Menschheit eine Rolle. Dass es deshalb vernünftig und vielleicht sogar notwendig ist, hierzu eine christliche Kirche auszuwählen, habe ich oben erläutert.

Zusammenfassend sei festgestellt: Die Naturwissenschaften können bestimmte Fragen prinzipiell nicht beantworten. Wer Antworten auf diese Fragen will, muss irgendwo anders suchen. Der christliche Glaube kann hier Antwort geben. Der Glaube gibt nicht nur Antwort, sondern zeigt auch einen Weg für meine und die Zukunft der Welt auf. Dieses können wir nur mit vereinten Kräften als Kirche erreichen. Dies ist der Auftrag der Kirche theologisch gesprochen: Den Menschen die Botschaft eines liebenden Gottes zu verkünden, ihnen den Weg zu Gott zu ebnen und dadurch den Menschen und die Welt zum Heil zu führen.

Wenn nun Menschen, die sich in großer Mehrzahl immer noch als religiös bezeichnen, der Kirche immer mehr den Rücken kehren und zunächst einfach nicht mehr am Glaubensleben teilnehmen, um dann vielleicht als letzten konsequenten Schritt auszutreten, dann bedeutet dies: „Ich traue der Kirche nicht mehr zu, dass sie Antworten auf meine Fragen gibt, dass sie mich und die Welt zum Heil führt."

Damit stellt sich die nächste Frage: Kann die Kirche dem einzelnen Menschen keine Antwort auf seine religiösen Fragen geben oder ist der Einzelne nicht mehr fähig oder willens die Antworten der Kirche zu akzeptieren?

Was schreckt an der Kirche ab?

Philip Jenkings macht ein Gedankenexperiment: „Nehmen wir an, der Papst beruft ein neues Konzil. Als Ergebnis dieses fiktiven Dritten Vatikanischen Konzils erlaubt die Kirche den Priestern zu heiraten, Frauen können Priester und Bischöfe werden, die Kirche beendet ihre Opposition gegenüber Abtreibung, Verhütung und Homosexualität. Der Papst zieht sich vom Lehramt zurück und wird eine symbolische Person ohne wirklichen Einfluss, wie ein Monarch. Wären dann alle zufrieden? Wären alle Probleme gelöst?" (Jenkins, 2003)

Für die Kirche in Deutschland würden wir sicher zum obigen Experiment noch gerne hinzufügen: Ehescheidungen werden anerkannt, die Ehe homosexueller Partner/innen wird einschließlich Adoptionsrecht unterstützt, Bischöfe/innen werden von den Kirchenmitgliedern gewählt, die Interkommunion in der Ökumene wird erlaubt, Laien können die Eucharistie feiern und Gemeinde leiten, aktive Sterbehilfe bei Schwerkranken wird erlaubt.

Was schreckt an der Kirche ab? Zunächst dies, dass sie schon seit Jahren, seit Jahrzehnten, über obige Fragen diskutiert. Sicher ist jeder einzelne Punkt einer Diskussion wert. Doch leider nimmt diese Diskussion im Innenraum der Kirche sehr viel Raum ein und verhindert andere wichtige Fragen, zum zweiten befindet sich die Kirche – auch selbstverschuldet – in einer dauernden negativen öffentlichen Diskussion. Die Medien schlachten diese internen Diskussionen und Streitereien genüsslich aus. Wer sollte es ihnen verübeln. In der Öffentlichkeit entsteht dabei der Eindruck, dass es sich bei der Kirche um einen rückständigen, frauenfeindlichen und reaktionären Verein handelt. Was noch schlimmer ist, die wichtigen Fragen nach dem Grund und dem Ziel des Menschen und der Menschheit treten in der Öffentlichkeit in den Hintergrund.

Dass die Kirche für viele und vor allem junge Menschen nicht mehr attraktiv ist, dies ist keine weltweite Tatsache. Im Gegenteil wächst die Anzahl der Gläubigen in der katholischen Kirche weltweit von Jahr zu Jahr, obwohl die Anzahl der Christen und auch der Katholiken in Europa und Deutschland von Jahr zu Jahr sinkt. Woran liegt es, dass auch bei uns in Deutschland sich die Menschen als religiös suchend beschreiben, bei dieser Suche aber die großen Kirchen oft links liegen lassen?

Kirche wo bist du?

Die Kirche in Deutschland ist eng mit dem Staat verbunden. Bis ins 15. bzw. 16. Jahrhundert konnten sich die Klöster und Kirchen durch ihren eigenen Landbesitz selbst finanzieren. Als die Französische Revolution ausbrach, wurde zunächst die Kirche in Frankreich enteignet. Napoleon brachte diese Säkularisation nach Deutschland, wo die Herzöge das Vermögen der Kirche gerne an sich nahmen. Als Entschädigung für diese Enteignungen wurden später staatliche Leistungen von den Ländern bzw. vom Staat an die Kirche vereinbart. Bis heute wird z.B. die Glaubensverkündigung der Kirchen durch den Religionsunterricht an Schulen von den Ländern finanziert. Auch das System der vom Staat eingezogenen Kirchensteuer war damit notwendig geworden. Und so ist die eigenständige Kirche zu einer vom Staat abhängigen subventionierten Kirche geworden. Mit der Folge, dass sich die Kirche an die Spielregeln des Staates anpassen muss und damit eigenständige wirtschaftliche Kompetenzen verloren gingen.

In den letzten Jahrzehnten ist die Verknüpfung zwischen Kirche und Staat fast unbemerkt immer noch weiter gestiegen. So werden heute die Personalkosten der katholischen Caritas zu über 80% von anderen meist öffentlichen Trägern übernommen. Gleiches gilt für Kindergärten, Altenheime und kirchlichen Krankenhäuser, die sich sogar oft selbst finanzieren. Wer zahlt, will aber auch mitbestimmen! Und so hat sich das Profil der kirchlichen Einrichtungen in den letzten Jahrzehnten Stück um Stück verändert. Dazu kommt noch, dass auch beim Personal heute nicht mehr auf Ordensangehörige zurückgegriffen werden kann. War es noch vor 50 Jahren üblich, dass Ordensschwestern einen Kindergarten leiteten oder die Pflege im Altenheim übernahmen, so werden diese Stellen heute öffentlich ausgeschrieben, wobei immer mehr fachliche und weniger religiöse Überzeugungen in den Vordergrund gestellt werden.

Als nach dem Zweiten Vatikanischen Konzil die ersten Kirchenge-meinderäte oder Pastoralräte gewählt wurden und damit auch Laien die Mitverantwortung für Finanzen innerhalb der Gemeinden und Diö-zesen übernehmen konnten, waren diese erstaunt, wie unprofessionell oft mit Geld umgegangen wurde. Als dann die Gelder aufgrund zurück-gehender Mitgliederzahlen knapp wurden, wurden auch auf kirchliche Bereiche marktwirtschaftliche Maßstäbe angewandt. Fachleute, wie z.b. der Unternehmensberater McKinsey wurden entweder engagiert oder einzelne Personen dieser Unternehmen befanden sich bereits in den Laiengremien. Nicht immer wurden diese marktwirtschaftlichen Vorgaben jedoch voll umgesetzt, da zu Recht von religiöser Seite auch noch auf christliche und soziale Aspekte Wert gelegt wurde, wobei der christliche und soziale Gesichtspunkt durch staatliche, europäische Be-teiligungen immer mehr in den Hintergrund tritt.

Die Umsetzung dieser markwirtschaftlichen Vorgaben hat jedoch einschneidende Auswirkungen. Ob ein Kindergarten oder Altenheim von der Kirche, einem Wohlfahrtsverband, dem Landkreis oder der Stadt geleitet wird, ist von außen meist nicht mehr erkennbar. Auch über innere Haltung gibt die Trägerschaft der Kirche immer weniger Auskunft oder ist zumindest schwer zu erkennen. Die Kooperation zwi-schen Kirchen und den gesellschaftlichen Gruppen führt auf einigen Ge-bieten zu einer regelrechten Arbeitsteilung. So haben sich z.B. in der Flüchtlingsarbeit die christlichen Organisationen Caritas und Diakonie mit anderen nichtchristlichen Wohlfahrtsverbänden, wie dem Roten Kreuz oder der Arbeiterwohlfahrt darauf geeinigt, dass in bestimmten Landkreisen z.B. allein das Rote Kreuz für Flüchtlinge zuständig ist, wäh-rend in einem anderen Kreis die gleiche Arbeit von der Caritas geleistet wird. Der Außenstehende kann keinen qualitativen Unterschied zwi-schen den einzelnen Wohlfahrtsverbänden entdecken, da alle nach den gleichen vorgeschriebenen Qualitätsnormen arbeiten. Gleiches gilt in-zwischen für christliche Krankenhäuser oder Altenheime.

Diese Kommerzialisierung hat auch vor kirchlichen Bildungshäusern nicht haltgemacht. Auch sie sollen sich rechnen und lohnen. Wer dort nach einem Raum für eine Gruppe sucht, wird zuerst mit einem Benutzungs- und Mietvertrag konfrontiert. Dort angekommen stellt er fest, dass ein Großteil des Bildungshauses von externen Firmen zur Fortbildung belegt und benutzt wird, um dem Haus eine möglichst große Auslastung mit entsprechenden Einnahmen zu gewährleisten.

In den meisten Bundesländern erfolgt der konfessionelle Religionsunterricht in den Schulen. Von der Grundschule bis zum Gymnasium, selbst in den Berufsschulen, wird dieser regelmäßige Unterricht vertraglich festgelegt von den Bundesländern finanziert, wobei die Kirchen bei der Auswahl der Lehrer bestimmend sind.

Mit einem Wort: die Kirche hat sich zumindest in großen Teilen der rationalen, wirtschaftlichen Welt ganz gut angepasst. Sie ist in ihrer sozialen Arbeit und der Glaubensverkündigung eng mit dem Staat und der Gesellschaft verbunden. Staatliche Dauerleistungen und der Einzug der Kirchensteuer durch den Staat ermöglichen ihr ein sicheres und nachhaltiges Auskommen. Zum Vorteil der Kirche?

Wie sieht es aus für die Menschen, die auf der Suche nach dem Sinn ihres Lebens sind? Menschen, die merken, dass das technische, wirtschaftliche Leben nur eine Dimension ihres Lebens ist? Die nach einer Alternative suchen. Einer Alternative, die sich nicht nur in einer religiösen Utopie abspielt, sondern die ganz konkret hier auf dieser Welt gelebt werden kann. Oft sehen sie in den großen Kirchen diese Alternative nicht mehr.

Und doch, wer sich nicht von der äußeren Fassade der kommerziellen Kirche täuschen lässt, findet noch viele Beispiele dieser gelebten Alternative. Da ist der Geschäftskollege oder gar der Chef, der nicht nur auf Karriere oder das Gehalt schaut, sondern auch – zu seinem Nachteil vielleicht – auf die anderen Kollegen Rücksicht nimmt. Da ist die Frau, die jahrelang ihren kranken Mann oder ihre Eltern pflegt und dabei ihr Leben opfert. Da sind die vielen, die sich in ihrer Freizeit für die Erhaltung der Natur einsetzen. Da ist der junge Mann, der das Zölibat auf sich nimmt, um in einem Kloster zu leben. Viele dieser Menschen findet man innerhalb der Kirche. Sie machen das Gesicht der Kirche aus. Sie machen die Kirche attraktiv.

Richtig attraktiv wird die Kirche aber erst dadurch, wenn es ihr gelingt, die göttliche Dimension in unserem Alltag zu zeigen. Diese göttliche Dimension findet sich zum einen in den Gottesdiensten (Gott), zum anderen auch in der Liebe zur Natur und den Menschen (Nächste). Dieser Mehrwert macht die Anziehung der Kirche aus. Dies zu jeder Zeit sichtbar zu machen, ist die immerwährende Aufgabe der Kirche. Wenn die göttliche Dimension und das göttliche Licht, das die Kirche in die Welt bringen soll heute von vielen nicht wahrgenommen werden, dann müssen in der Kirche die Alarmglocken losgehen, denn ihre Existenz steht auf dem Spiel. Eine Kirche, die nur ihr weltliches Geschäft erledigt und bei der Gottesdienste zu künstlerischen oder folkloristischen Highlights und Veranstaltungen werden, verdient ihren Namen nicht!

Der neue Luther

500 Jahre ist es her, dass einem jungen Mönch der Kragen platzte. Wie konnte sich seine Kirche nur dazu hergeben, sich im Ablasshandel religiöse Schuld mit materiellem Geld ausgleichen zu lassen. Wie konnte es dazu kommen, dass der Zugang zum religiösen Leben und zu Gott von irdischen, machtbesessenen Funktionären skrupellos kontrolliert wurde. Statt den Menschen die Liebe, die Barmherzigkeit und die Gnade Gottes zu zeigen, wurden von der Kirche durch Ver- und Gebote Schranken aufgebaut, die sie nach Belieben (oder nach Geldgaben) öffnen oder schließen konnte. Es war Martin Luther (1483-1546), der sich gegen diese verweltlichte Kirche mit deutlichen Worten wandte.

Dass die Kirche damals nicht auf die warnenden Worte Luthers hörte, brachte ihr eine Kirchenspaltung. Dass sie dann aber doch noch im Konzil von Trient (1545-1563) letztlich die Missstände behob und sich reformierte, sicherte ihr das Überlebeden.

Es war Papst Benedikt XVI, der in einer Rede am 25.09.2011 in Freiburg in ruhigen und vorsichtigen, aber dennoch deutlichen Worten darauf hinwies, dass die Kirche (zumindest in Deutschland) von vielen nicht mehr wahrgenommen wird: „Seit Jahrzehnten erleben wir einen Rückgang der religiösen Praxis, stellen wir eine zunehmende Distanzierung beträchtlicher Teile der Getauften vom kirchlichen Leben fest. Es kommt die Frage auf: Muss die Kirche sich nicht ändern? Muss sie sich nicht in ihren Ämtern und Strukturen der Gegenwart anpassen, um die suchenden und zweifelnden Menschen von heute zu erreichen?"

Seine Analyse unterscheidet sich letztlich nur wenig von der Luthers vor 500 Jahren. Die Kirche ist ihrer Aufgabe untreu geworden, sie hat sich Stück für Stück von ihrer eigentlichen religiösen Aufgabe entfernt und sich immer mehr vom Staat und der Gesellschaft einspannen lassen: „Durch die Ansprüche und Sachzwänge der Welt wird aber immer wieder das Zeugnis verdunkelt, werden die Beziehungen entfremdet und wird die Botschaft (der Kirche) relativiert." Dabei zitiert er auch Papst Paul VI: „dann wird sie (die Kirche) sich von der menschlichen Umgebung tief unterscheiden, in der sie doch lebt oder der sie sich nähert" (Enzyklika Ecclesiam Suam, 60).

Was beide Päpste vorsichtig ausdrücken: die Kirche wird von vielen nur noch als weltliche Institution mit weltlichen Problemen wahrgenommen. Das Verhalten dieser Institution und ihrer Vertreter „verdunkeln" den Blick auf die göttliche Dimension, nach der viele Menschen suchen.

Diese göttliche Dimension ist aber nicht etwa ein Teil der kirchlichen Aufgabe, die neben den täglichen Alltagsgeschäften an herausragender Stelle z.B. in der Liturgie ihren Platz findet. Diese göttliche Dimension den Menschen aufzuzeigen ist ihre einzige Aufgabe. So sagt Benedikt eindringlich: „Sie (die Kirche) findet ihren Sinn ausschließlich darin, Werkzeug der Erlösung zu sein, die Welt mit dem Wort Gottes zu durchdringen und die Welt in die Einheit der Liebe mit Gott zu verwandeln. Die Kirche taucht ganz ein in die Hinwendung des Erlösers zu den Menschen. Sie selbst ist immer in Bewegung, sie muss sich fortwährend in den Dienst der Sendung stellen, die sie vom Herrn empfangen hat." (Benedikt XVI, 2011)

Wird die Kirche diesem Auftrag nicht gerecht, dann verspielt sie ihre Existenzberechtigung, wird unattraktiv und überflüssig. Diese Beobachtung macht Benedikt für die Kirche: „In der ... Kirche zeigt sich jedoch auch eine gegenläufige Tendenz, dass nämlich die Kirche sich in dieser Welt einrichtet, selbstgenügsam wird und sich den Maßstäben der Welt angleicht. Sie gibt Organisation und Institutionalisierung größeres Gewicht als ihrer Berufung zur Offenheit (für Gott). " (Benedikt XVI, 2011)

Die Analyse Benedikts für den Zustand der Kirche ist erschreckend:

- Sie vernachlässigt ihren einzigen und ausschließlichen göttlichen Auftrag.

- Sie ist überwiegend mit organisatorischen Dingen beschäftigt und dreht sich hauptsächlich um sich selbst.

Die Forderungen von Papst Benedikt gegen diese Zustände in der Kirche lassen an Eindeutigkeit nichts zu wünschen übrig. Er fordert, dass die Kirche sich wieder um ihre eigentliche Aufgabe kümmern soll. Von allem, was sie an dieser Aufgabe hindert, soll sie sich befreien. Und dies mit letzter Konsequenz auch von materiellem Besitz und politischem Einfluss. Er sagt dies mit den Worten: „Die von ihrer materiellen und politischen Last befreite Kirche kann sich besser und auf wahrhaft christliche Weise der ganzen Welt zuwenden, wirklich weltoffen sein. Sie kann ihre Berufung zum Dienst der Anbetung Gottes und zum Dienst des Nächsten wieder unbefangener leben." (Benedikt XVI, 2011)

Dass auch kirchliche Institutionen (wie z.B. Caritas) und die Werke der Nächstenliebe in der Kirche durch ihre Kommerzialisierung nur noch wenig mit dem eigentlich christlichen Auftrag zu tun haben und „zu vertrocknen drohen" hat Benedikt klar erkannt.

Auch hier fordert er ein radikales Umdenken: ""Der Liebesdienst ist für die Kirche nicht eine Art Wohlfahrtsaktivität, die man auch anderen überlassen könnte, sondern er gehört zu ihrem Wesen, ist unverzichtbarer Wesensausdruck ihrer selbst" (Enzyklika Deus caritas est, 25). Allerdings haben sich auch die karitativen Werke der Kirche immer neu dem Anspruch einer angemessenen Entweltlichung zu stellen, sollen ihr nicht angesichts der zunehmenden Entkirchlichung ihre Wurzeln vertrocknen. Nur die tiefe Beziehung zu Gott ermöglicht eine vollwertige Zuwendung zum Mitmenschen, so wie ohne Zuwendung zum Nächsten die Gottesbeziehung verkümmert." (Benedikt XVI, 2011)

Ist Papst Benedikt ein neuer Luther? Liest man seine Freiburger Rede, erkennt man, dass Benedikt Luther in seiner Radikalität nicht nachsteht. Auch er will Reformen, er will, dass sich die Kirche und das kirchliche Leben in Deutschland radikal verändern. Stellen wir uns nur mal vor, wie unsere Kirche aussehen würde, wenn die Forderungen Papst Benedikts umgesetzt würden. Wenn sie ihren materiellen Besitz völlig abgibt, ihre Stiftungen, Geld- und Vermögensanlagen auflöst, die Kirchensteuer abschafft und bei Religionsunterricht und bei caritativen Werken auf die Unterstützung des Staates freiwillig verzichtet, um sich dann ganz dem Auftrag Gottes und damit verbunden der Liebe zum Nächsten zu widmen.

Nein, in seinem Reformwillen übertrifft Papst Benedikt XVI vielleicht sogar Martin Luther. Was Benedikt jedoch fehlt, ist die Sprachgewalt Luthers, sein Stolz, seine Ungeduld und sein Zorn. Ein Luther hätte die Freiburger Rede an alle Kirchentüren geheftet und die abwiegelnden, zögerlichen kirchlichen Funktionäre aus den Büros der Kurie, der Ordinariate und Pfarrämter vertrieben.

Papst Benedikt setzt sein Vertrauen dagegen auf die Vernunft und Einsicht und letztlich auch auf die Fügung Gottes. Dadurch erhofft er sich eine Veränderung der Kirche besonders in Deutschland – seinem Heimatland. Das Risiko einer Kirchenspaltung will er unter allen Umständen vermeiden. Er will Anstoß zum Nachdenken und zur Veränderung geben. Ist ihm das gelungen?

Die Freiburger Rede von Papst Benedikt hat zwar kurzzeitig die kirchliche Diskussion in Deutschland beherrscht, doch dann wurde sie „als unrealistisch" zu den Akten gelegt. Zu viele Menschen sind in der Kirche Deutschlands beschäftigt und profitieren davon, dass durch staatliche Subventionen und Privilegien ihr Lebensunterhalt gesichert ist. Zu viele Menschen müssten die Sicherheit eines kirchlichen Arbeitsplatzes abgeben und sehen deshalb die Zukunft von sich und ihren Familien in Gefahr. Verständlich, dass bei ihnen die Rede Benedikts auf taube Ohren gestoßen ist und es jetzt weitergeht wie bisher: business as usual. Das ist auch für staatliche Organe bequem, die Hand in Hand mit den Kirchen und ihren Haupt- und Ehrenamtlichen die caritativen Bereiche unserer Gesellschaft managen.

Die Rede Benedikts von der „Entweltlichung der Kirche" wurde auch dahin interpretiert, dass sich die Kirche aus dem Alltaggeschäft der Welt in eine rein kirchliche Nische zurückzieht und die Gesellschaft und den

Menschen mit seinen Alltagssorgen allein lässt. Diese Betrachtungs-weise ist richtig, wenn man nur die Realität der naturwissenschaftlichen Welt sieht. In dieser Blickweise ist eine Hinwendung zu den religiösen Fragen wirklich eine Weltflucht. Wird jedoch akzeptiert, dass das menschliche Leben auch eine religiöse Dimension hat, dann führt ge-rade dieses Einbeziehen der zweiten Dimension zu einer vollen Hinwen-dung zur Realität des Menschen. Hinzu kommt, dass im christlichen Glauben eine Hinwendung zu Gott immer eine Hinwendung zu den Menschen und damit ihrer Gesellschaft zur Folge hat. Die Nächstenliebe ist nämlich in der christlichen Religion unmittelbar mit der Gottesliebe verknüpft.

Dies unterstreicht auch eine kleine Geschichte von Vinzenz von Paul, dem Gründer der Kongregation der Barmherzigen Schwestern. Immer wieder kamen Bettler und Kranke, die während der Frühmesse an die Pforte der Schwestern klopften und Hilfe suchten. Eine Frage quälte die Schwestern sehr: Darf man die heilige Messe verlassen, um im Notfall zu helfen? Die Antwort des Heiligen lautete: „Ihr dürft, denn wisset Schwestern, ihr geht ja von Jesus weg zu Jesus hin!" (Quelle: Neher)

Wenn also die deutsche Kirche die Freiburger Rede Benedikts igno-riert oder gar ablehnt, dann steckt dahinter ein gutes Stück Angst vor den Konsequenzen dieser geforderten großen Reform. Angst davor, Macht, Einfluss und Sicherheit zu verlieren.

Ist die deutsche Kirche noch zu retten?

6 Jahre sind inzwischen vergangen. Die Rede Benedikts liegt archiviert in den Regalen der Bibliotheken. Die Anzahl der Gottesdienstbesucher sinkt weiter. Schlimmer: die Kirche wird in ihrer religiösen Dimension von Jugendlichen immer weniger wahrgenommen. Verkommt sie zu einem Folkloreverein, wo vergangene Riten, Musikstile und Traditionen gepflegt oder erhalten werden? Kirche als professioneller Eventmanager für traditionelle Feiern wie Beerdigungen, Erstkommunion, Hochzeiten und Weihnachten oder Highlights wie der Blutritt in Weingarteon oder Kirchentage?

In den Ordinariaten wird durchaus reagiert. Die Verwaltung wird neu organisiert, Gebäude entsprechend angepasst oder neu gebaut. In Arbeitsgruppen werden neue pastorale Konzepte erarbeitet und mit enormem Aufwand auf die Gemeinden übertragen. Dort befinden sich viele Pfarreien im Umbruch. Seelsorgeeinheiten wurden eingeführt und die Verantwortungsbereiche der hauptamtlichen Kleriker und Laien werden immer wieder den pastoralen Notwendigkeiten angepasst.

Auch auf Ebene der Kirchengemeinden wird viel getan. Noch nie wurde so viel Zeit in Kinder- und Jugendarbeit gesteckt. Neben dem staatlichen Religionsunterricht kümmern sich meist Hauptamtliche um die Erstkommunionvorbereitung der Kinder und die Firmvorbereitung der Jugendlichen. Die Taufvorbereitungen werden ausgedehnt, spezielle Kinder- und Familiengottesdienste werden angeboten und für Jugendliche werden ganze Kirchen umgebaut. Und doch scheinen die ganze Mühe und der Aufwand den Trend gegen die Kirche nicht aufzuhalten. Die Kirche droht von ihren Wurzeln her – den Kindern und Jugendlichen – auszutrocknen.

Hatte Papst Benedikt doch Recht? Muss sich die Kirche viel radikaler als bisher um ihr eigentliches Geschäft kümmern: Aufzuzeigen, dass es neben der „weltlichen" Realität noch eine religiöse Realität gibt. Und dass der Mensch und die Gesellschaft nur weiterkommen, wenn beide Aspekte berücksichtigt werden. Falls ja, dann braucht die Reform Benedikts dringend Unterstützung.

Der Praktiker: Papst Franziskus

Während Papst Benedikt XVI forderte, dass sich die Kirche mehr Gott und den Menschen zuwenden soll und es dazu notwendig sei, auf ihre Privilegien und ihre Verbindungen zu Staats- und Machtstrukturen zu verzichten, wird Papst Franziskus in seinem ersten Lehrschreiben Evangelii Gaudium sehr konkret. Er richtet sein Augenmerk direkt an die Gemeinde vor Ort und schreibt: „Das setzt voraus, dass sie wirklich in Kontakt mit den Familien und dem Leben des Volkes steht und nicht eine weitschweifige, von den Leuten getrennte Struktur oder eine Gruppe von Auserwählten wird, die sich selbst betrachtet." (Franziskus, 2013)

Wie Benedikt kritisiert auch Franziskus die vorhandene Struktur der Kirche. Eine Struktur, die vom Menschen und damit auch von Gott entfernt ist. Das hört sich zunächst anders an, weil Franziskus vom Menschen ausgeht. Er will, dass Gemeinde und Kirche ganz bei den Menschen ist und dass sie auf Strukturen verzichtet, die sie daran hindern. Dass zu diesen Strukturen auch Verbindungen der Kirche zu „Auserwählten" von Staat und Wirtschaft gehören, betont er auch an anderer Stelle. So fordert auch Franziskus, dass die Kirche ihre Privilegien abgibt und zu einer armen Kirche wird. Dabei zitiert er sogar Papst Benedikt: „Diese Option, lehrte Benedikt XVI., ist im ‚christologischen Glauben an jenen Gott implizit enthalten, der für uns arm geworden ist, um uns durch seine Armut reich zu machen." Papst Franziskus führt dann weiter aus: „Aus diesem Grund wünsche ich mir eine arme Kirche für die Armen." (Franziskus, 2013)

Bei aller Begeisterung in Deutschland für Papst Franziskus wurde das Wort von der „armen Kirche" nur allzu gerne überhöht und umgedeutet. Ist es nicht besser reich zu sein, damit man mit diesem Reichtum den armen Menschen besser helfen kann? Ist nicht eine gut funktionierende optimal ausgebaute Kirche besser, als eine an Mängeln leidende unattraktive Gemeinschaft? Franziskus weist die weltliche Logik zurück:

„Mir ist eine ‚verbeulte' Kirche, die verletzt und beschmutzt ist, weil sie auf die Straßen hinausgegangen ist, lieber, als eine Kirche, die aufgrund ihrer Verschlossenheit und ihrer Bequemlichkeit, sich an die eignen Sicherheiten zu klammern, krank ist." (Franziskus, 2013)

Kirche muss ganz bei den Menschen und somit bei Gott sein, so Franziskus. Kirche muss ganz bei Gott und somit bei den Menschen sein, so Benedikt. Zwei Päpste, die aus verschiedener Sicht dasselbe beschreiben und zum selben Ergebnis kommen: Privilegien, Vorrechte und Sicherheiten abgeben, um ganz auf der Seite der Menschen und Gottes sein zu können! Eine solche Kirche wäre attraktiv für Menschen, die danach fragen, ob in der heutigen wirtschaftsorientierten Welt gut zu funktionieren, der einzige Sinn des Lebens sein kann und ob es nicht auch in unserer Welt eine göttliche Dimension gibt.

Ist das realistisch? Ist in Deutschland ein Verzicht der Kirche auf die ihr zustehenden jahrhundertelangen Pfründe, Vorrechte und Sicherheiten denkbar und möglich? Ist es nicht logisch, wenn diese vielen Sicherheiten, an denen Gutes wie Arbeitsplätze, Kunst, Musik und die ganze Caritas hängt, verteidigt werden? Lässt sich nicht mit einem neuen, gutmotorisierten Auto besser leben und für andere Hilfe organisieren, als mit einer verbeulten, alten Karre, wo das Geld für Benzin fehlt? Doch Vorsicht: Dies ist die Logik der Welt, aber nicht die der christlichen Religion! Die Bibel zitiert Christus mit den Worten: „Wie schwer ist es für Menschen, die viel besitzen, in das Reich Gottes zu gelangen. Denn eher kommt ein Kamel durch ein Nadelöhr, als dass ein Reicher in das Reich Gottes gelangt." (Lk 18, 24+25)

Ist die Kirche am Ende?

Eine Kirche, die sich nur um sich selbst dreht, wo eine pastorale Konzeption die nächste jagt, wo Gemeinden gemanagt werden und wo gute Traditionen folkloristisch ausgeschlachtet werden, eine solche Kirche kann noch lange leben. Aber diese Kirche wird ihrem eigentlichen Auftrag nicht mehr gerecht: Ein Fingerzeig Gottes in der heutigen Welt zu sein. Sie wird nicht das Licht sein, von dem junge Menschen sich angezogen fühlen, um einen Wegweiser für ihr Leben zu finden. Sie wird als Gemeinschaft ihrer Rolle nicht gerecht, Wirtschaft und Forschung eine glaubhafte Ethik zu vermitteln, um so an einer zukünftigen Welt mitzuarbeiten.

Vier Gründe sind es, die dafürsprechen und Mut machen in dieser Kirche zu bleiben, sich für sie zu engagieren, für sie Werbung zu machen. Vier Gründe die zeigen sollen, dass es auch für andere gut und vernünftig ist. sich dieser Gemeinschaft anzuschließen.

Zum ersten ist es die Zusage Jesu an seine Jünger. Wir erinnern uns an den reichen Jüngling, der nicht durchs Nadelöhr passte – so wie auch die Kirche heute nicht durch das Nadelöhr passt und somit ziemlich verloren dasteht. Auf die Frage der Jünger, wie denn der Jüngling (oder die Kirche) doch noch gerettet werden können, sagt Jesus: „Was für Menschen unmöglich, ist für Gott möglich." Lk 18,27

Zum zweiten ist der Zustand der Kirche in der zweitausendjährigen Geschichte ein Auf und Ab. Eitelkeit, Geltungssucht, Geldgier, Machtstreben, Intrigen und Selbstgerechtigkeit haben immer wieder die Existenz der Kirche in Frage gestellt. Und immer wieder haben sich Menschen aufgemacht, um die Kirche wieder richtig auszurichten. Augustinus hat Glaube und Wissenschaft versöhnt. Thomas von Aquin hat die Grundlagen für Toleranz und Vernunft in der Kirche gelegt. Franz von

Assisi hat mit gelebter Armut eine aus Geldgier zusammengefallene Kirche wiederaufgebaut. Martin Luther hat mit seiner Sprachgewalt und seinem Zorn letztlich die teilweise korrupte, katholische Kirche reformiert. Viele Heilige haben durch ihr Beispiel der Kirche die Leviten gelesen. Auch in unseren Tagen gibt es Kirchenmänner und Kirchenfrauen, die die Kirche auf Spur bringen wollen: Papst Benedikt XVI und Papst Franziskus gehören dazu... In der Vergangenheit hat das immer wieder geklappt. Warum soll das diesmal nicht gelingen?

Zum dritten gibt es – wie bereits oben erwähnt - in den kirchlichen Gemeinden, aber auch außerhalb von ihr, vor Ort viele Menschen, die sich entgegen der herrschenden Gesellschaftsnorm, liebevoll um kranke Eltern, alleinstehende Nachbarn, behinderte Menschen und Flüchtlinge kümmern oder auch nur ein offenes Ohr für Einsame und Alleinstehende haben. Menschen, die geduldig ihre Schicksalsschläge aushalten ohne ihre Freundlichkeit zu verlieren. Menschen, die sich zeitraubend für Tiere und Umwelt einsetzten oder sich liebevoll ehrenamtlich in Vereinen um Kinder und Jugendliche kümmern. Würde man diese Menschen fragen, ob sie kirchlich sind, so würden das viele verneinen. Doch sie erfüllen den Auftrag Jesu und gehören deshalb dazu. Gott ist nicht nur in den Kirchen zu finden. Überall dort, wo Menschen sich selbstlos um andere kümmern ist das Zentrum der Kirche. Dort wird Nähe Gottes spürbar und sichtbar – dort ist wahre Kirche!

Zum vierten: die Welt braucht diese Kirche. Wer sich die Naturwissenschaften und ins besonders die Wirtschaftswissenschaften anschaut, der wird viele offene Fragen vorfinden. Wo soll das Ganze enden? Wer setzt Grenzen? Haben wir das noch im Griff? Ob wir diese Fragen mit menschlicher Ethik beantworten oder in den Griff bekommen können, ist offen? Nicht zuletzt: Brauchen wir nicht zum Dialog mit anderen Religionen eine zahlenmäßig starke christliche Kirche, die mit einer Stimme spricht? Merken wir nicht, dass dauerhafter Friede ohne Terror nur möglich sein wird, wenn sich die Religionen miteinander versöhnen? Hier hat die durch ihren Gründer zutiefst friedliche christliche

Religion eine führende Rolle. Wer, wenn nicht sie, ist so gut weltumfassend organisiert? Wer, wenn nicht sie, kann aufzeigen, wie man gewalttätige Ansätze und Ansprüche, wie sie auch in der Geschichte der Kirche durchaus vorkamen, durch Reformen und Reformationen überwinden kann?

Die Kirche stürzt ab

Seit Jahrzehnten werden in Deutschland die Menschen, die sich zur Kirche bekennen, weniger. Die Anzahl der Aufnahmen in die Kirche durch Taufen ist in der katholischen Kirche von 293 390 im Jahr 1990 auf 167 787 im Jahr 2018 zurückgegangen. Allein 2018 sind 216 078 Katholiken aus ihrer Kirche ausgetreten (bei 2442 Kircheneintritten)! Von den verbliebenen Katholiken besuchten 2018 nur noch ca. 9,3% den Sonntagsgottesdienst. Auffallend „hoch" ist der Gottesdienstbesuch in den finanziell schlecht gestellten Diözesen Görlitz und Dresden mit 16,8% bzw. 15%.

Auf den ersten Blick erstaunlich, erhöhten sich die Nettoeinnahmen durch die Kirchensteuer von 3,8 Milliarden (1990) auf 4,8 Milliarden im Jahr 2010. In den letzten 8 Jahren haben sich diese Einnahmen weiter auf 6,64 Milliarden Euro im Jahr 2018 erhöht. (Quelle: Deutsche Bischofskonferenz, Zahlen und Fakten).

Während sich also die Einnahmen der Kirche durch Kirchensteuer in den letzten 8 Jahren nochmals um 38% erhöhten, sank die Anzahl der Gottesdienstbesucher in dieser Zeit um 26,2%.

Aus diesen Zahlen lässt sich folgendes ableiten:

- Dadurch, dass inzwischen mehr Katholiken aus der Kirche austreten, als neu getauft werden oder eintreten, wird es zu einem drastischen Absinken der Katholikenzahlen in Deutschland kommen. Allein schon die Sterberate übertrifft die Anzahl der Taufen um 44%.
- Selbst die verbleibenden Katholiken nehmen immer weniger (1990: 21% bzw. 2018: 9,3%) an den Gottesdiensten oder anderen Veranstaltungen der Gemeinden teil.

Allein derartige statistisch gesicherte Zahlen müssten eigentlich bei der Kirche die Alarmglocken schrillen lassen! Doch was passiert?

Entschuldigungen werden gesucht. So wird immer wieder für das fehlende Gemeindeleben der Priestermangel verantwortlich gemacht. Doch das ist so nicht korrekt: Kamen 1990 auf 1000 Gemeindemitglieder 0,9 Seelsorger, so lag die Betreuung 2018 bei 1,06 hauptamtlichen Seelsorgern (Priester, Diakone, Pastoralreferenten, Gemeindereferenten). Die seelsorgerische Betreuung hat sich somit in den letzten Jahren sogar um 17% verbessert! Wenn wir nur die Priester betrachten, dann kamen 1990 statistisch gesehen auf einen Priester am Sonntag 303 Gottesdienstteilnehmer und heute (2018) „kümmert" sich ein Priester um 161 Kirchenbesucher.

Überraschend ist der Anstieg der hauptamtlichen Mitarbeiter in der Caritas. Diese stiegen von 263 000 (1990) auf 520 000 (2010) und im Jahr 2018 auf 650 000 (2018) hauptamtlich Beschäftigte bei der Caritas. Ein Anstieg in Summe um 147% (um 25% in den letzten 8 Jahren)! (Quelle: Deutsche Bischofskonferenz, Statistik und Caritas).

Doch gerade an der Caritas wird das Manko der Kirche heute nochmals klar. Sie konzentriert sich auf wirtschaftliche, organisatorische und strukturelle Aufgaben. Der eigentliche Sinn: die christliche Nächstenliebe gerät dabei immer mehr zur Nebensache. Die Verbundenheit zu Gott und der Kirche geht verloren. Aber allein durch ihre Größe verschlingt sie enorm Geld, Kraft und Energie.

Die Zahlen machen deutlich: Die katholische Kirche befindet sich derzeit in einer Abwärtsspirale. Sie hat durch nachhaltiges Wirtschaften große Reserven und ist staatlich gut abgesichert. Warum sollte sie sich grundsätzlich ändern? Wer sägt schon seinen eigenen Ast selbst ab? Die Kirche ist nach der Rede von Papst Benedikt VXI in Freiburg wieder schnell zum Alltagsgeschäft übergegangen. Auch die Appelle von Papst Franziskus für eine arme Kirche werden hin und her gedreht, bis sie passen. Caritasdirektor Peter Näher drückt das dann so aus: „In diesem Sinn verstehe ich auch den deutlichen Akzent von Papst Franziskus auf die Rede von der armen Kirche für die Armen. Die Sinnspitze dieser Aussage liegt nicht primär in der Aufgabe materieller Güter. Eine Kirche, der keine materiellen Güter zur Verfügung stünden, könnte auch nicht mehr da helfen, wo Hilfe notwendig wäre. Die Sinnspitze liegt meines Erachtens vielmehr im Zuhören, im Denken vom armen und notleidenden Menschen her." (Neher, 2015)

Alles klar!? Das Wort „arm" wird so lange gedreht, bis es passt. Eine derartige Kirche kann und will sich nicht grundlegend ändern. Es wird weltlich und wirtschaftlich argumentiert, dabei sind ja gerade das Geheimnis und das Paradoxon der christlichen Lehre, dass das Kleine und Wertlose über die materiellen Güter triumphieren wird. Im Magnifikat heißt es: „Er stürzt die Mächtigen vom Thron und erhöht die Niedrigen". (Lk 1, 52)

Ich möchte den Satz von Neher im christlichen Sinne ins Gegenteil drehen: „Eine Kirche, der keine materiellen Güter zur Verfügung stehen, kann auch dort helfen, wo Hilfe notwendig ist und andere (Wohlfahrtsverbände, Staat, ...) nicht helfen können."

Diese deutsche Kirche ändert sich nicht. Damit ist die Richtung klar: abwärts!

Am 2. Mai 2019 wurde eine Studie vorgestellt, die von der evangelischen Kirche und der deutschen Bischofskonferenz an das Forschungszentrum Generationenverträge (FZG) der Universität Freiburg vergeben worden war.

„Wenn die Prognosen zutreffen, werden in 40 Jahren noch 29 Prozent der deutschen Bevölkerung einer der großen Kirchen angehören, derzeit sind es 54 Prozent. Dabei ist zu berücksichtigen, dass auch die Gesamtbevölkerungszahl zurückgehen wird.

Den Berechnungen zufolge wird die Zahl der Mitglieder der großen Kirchen von 44,8 Millionen im Jahr 2017 bis 2035 auf 34,8 Millionen zurückgehen (minus 22 Prozent) und bis 2060 auf 22,7 Millionen (minus

49 Prozent). Dabei wird die katholische Kirche etwas weniger Mitglieder verlieren als die evangelische. Die Zahl der Katholiken wird laut Prognose von 23,3 Millionen im Jahr 2017 zunächst auf 18,6 Millionen in 2035 (minus 21 Prozent) auf 12,2 Millionen im Jahr 2060 sinken - also um insgesamt rund 48 Prozent. Die Zahl der Protestanten soll von 21,5 Millionen über 16,2 (minus 25 Prozent) auf 10,5 Millionen (minus 51 Prozent) zurückgehen." (Quelle: https://www.vatican-news.va/de/kirche/news/2019-05/deutschland-studie-kirchen-mitglieder-halbierung-marx-bedford-ekd.htm)

Das Erschreckende ist, dass die Kirchen auf diese Prognose sehr gelassen reagierten. Liegt es daran, dass eh schon jeder ahnte, was da kommen würde? Liegt es daran, dass die Geldeinnahmen durch die Kirchensteuer nur langsam von heute 2,6 Mrd. Euro auf ca. 2 Mrd. Euro im Jahr 2060 sinken würden? Die Reaktion auf die Studie durch Kardinal Marx mit den Worten „Wir geraten angesichts der Projektion nicht in Panik, sondern werden unsere Arbeit entsprechend ausrichten." (Quelle s.o.) hat wohl vor allem die wirtschaftliche Entwicklung der Kirche im Blick.

Dabei geht es in Zukunft um eine Neuausrichtung der Kirche. Auch eine kleine Kirche kann Sauerteig in einer Gesellschaft sein. Sie hat den Vorteil, dass ihr in Zukunft vermehrt Menschen mit Überzeugung angehören, da es nicht mehr normal ist dazu zu gehören. Diese kleinere Gemeinschaft muss aber aufpassen, dass sie nicht zum Vermögens- und Museumsverwalter wird. Allein der vergangenen Größe nachzuweinen, verhindert den Blick in die Zukunft. Den Menschen Antwort auf die Frage nach dem Sinn ihres Lebens zu geben und ihnen dabei zu helfen ein geglücktes Leben zu führen, dies kann auch eine kleine Gruppe überzeugter Christen bewirken.

Liturgie und Kirche

Es ist die Lehre der Kirche, dass wir Gott besonders nahe sind und ihn sichtbar machen im Dienst an den Menschen und im Dienst an Gott. Wie oben gezeigt wurde hat die Kirche den Dienst an den Menschen zu einem großen Teil an die Institution Caritas ausgegliedert. Die Rückbesinnung auf die göttliche Dimension der kirchlichen Nächstenliebe kann hier leicht eingelöst werden: die Institution Caritas wird aus der Kirche ausgegliedert und wird eine von der Kirche unabhängige GmbH. Danach ist eine Neubesinnung auf die den Menschen, besonders den Armen, dienende diakonische Kirche angesagt. Damit wird die Diakonie der Kirche und damit Jesus Christus als göttliche Dimension wieder ins Zentrum der Kirche und des Gemeindelebens gerückt. Es gilt nämlich die Botschaft von Jesus, dass wir Gott im Nächsten finden: „Alles was ihr einem meiner geringsten Brüder und Schwestern getan habt, das habt ihr mir getan." (Mt 25,40)

Kein Mensch hat und wird Gott völlig erfassen. Aber wer auch nur ein Bruchstück von Gott erahnt, der will mit diesem Gott näher in Kontakt kommen, der wird nach Wegen suchen, wie er sich Gott nähern und ihm dienen kann: die Liturgie. Zentrales Anliegen der kirchlichen Liturgie ist es, diese göttliche Dimension spürbar und erfahrbar werden zu lassen, damit wir das Geheimnis (die Kirche spricht vom Mysterium) Gott immer mehr erahnen und ihn immer mehr anbeten können.

Doch immer mehr Menschen bleiben der Liturgie der Kirche, im Besonderen der sonntäglichen Eucharistiefeier fern, wie wir an der Statistik gesehen haben. Was sind die Ursachen? Manche suchen sie bei den Menschen und sagen: „die Menschen von heute sind nicht mehr liturgiefähig". (Laacher Hefte, Heft 38, 1966).

Auch der Leiter der römischen Liturgiekongregation Kardinal Sarah stellt sich Frage nach den Ursachen: „Es handelt sich dabei um eine unausweichliche Realität, um ein wahres Zeichen unserer Zeit. Wenn die Jugendlichen der Heiligen Liturgie fernbleiben, müssen wir uns fragen: Warum ist das so?" (Vortrag, 30.03.2017, Herzogenrath)

Im Gegensatz zu vielen anderen sucht er aber die Ursache nicht nur bei den Jugendlichen, sondern bei der Kirche selbst: „Infolgedessen ist festzustellen, dass die schwerwiegende und tiefgreifende Krise, die seit dem Konzil die Liturgie und die Kirche selbst erschüttert und weiterhin erschüttern wird, darauf zurückzuführen ist, dass ihr ZENTRUM nicht mehr Gott und seine Anbetung, sondern die Menschen und ihre angebliche Fähigkeit sind, etwas zu „tun", um sich während der Eucharistiefeier mit etwas zu beschäftigen." (Sarah, 2017)

Ist es nicht wirklich so, dass in den vergangenen Jahrzehnten den Kirchgängern einiges zugemutet wurde und vielleicht noch heute wird? Nicht nur von „modernen" Geistlichen, die nach eigenem Gutdünken manches wegließen oder in den Gottesdienst einfügten bis hin in das Hochgebet. Auch traditionelle Geistliche feierten im Gottesdienst oft mehr sich selbst als Gott. Ein Gottesdienst aber ist nicht dazu da, um die Liturgen herauszustellen. Seine einzige Aufgabe ist es, auf Gott zu verweisen und Gott ins Zentrum zu stellen. Wer in seiner Gemeinde derartiges bemängelte, wurde oft als Nestbeschmutzer bezeichnet und kaltgestellt. Doch inzwischen ist die Krise offensichtlich und auch oben angekommen.

So erkennt Kardinal Sarah ganz klar: „Doch in den letzten Jahrzehnten sind zahlreiche Gläubige schlecht behandelt, ja sogar zutiefst verwirrt worden – durch Zelebrationen, die von einem oberflächlichen und verheerenden Subjektivismus geprägt waren, so dass sie ihre „Heimat", ihr gemeinsames Zuhause nicht mehr wiedererkannten, oder die Jüngsten es niemals kennenlernen konnten! Wie viele Menschen haben sich still und leise verabschiedet, besonders die Kleinsten und die Ärmsten unter ihnen! In gewisser Weise sind sie zu „liturgischen Heimatlosen" geworden." (Sarah, 2017)

Diese Unbehagen an der Durchführung der sonntäglichen Liturgie wird inzwischen ganz offen auch in den deutschen Diözesen angesprochen. Manche Besucher von Gottesdiensten – auch Fachleute wie der Liturgiewissenschaftler Martin Stuflesser – fragen sich weniger, warum über 90 Prozent der Kirchenmitglieder nicht mehr den Gottesdienst besuchen. Vielmehr fragen sie sich, warum die restlichen neun Prozent „sich eine lieblos, ohne jede ästhetische und theologische Qualität heruntergefeierte Liturgie überhaupt noch antun." (Sutleser, 2019)

Bei aller Kritik an der vielfältigen liturgischen Praxis darf aber nicht vergessen werden, dass es die richtige Liturgie nicht geben kann, da jeder Mensch auf ganz individuelle Weise technisch gesprochen eine Antenne für Gott hat. Eine Antenne, mit der er empfangen und senden kann. Aufgabe der Kirche ist eine dauerhafte Nachjustierung der Liturgie auf die Menschen hin, wobei auch zu berücksichtigen ist, dass es eine Vielzahl von liturgischen Formen und Ausprägungen gibt, die nur darauf warten, angewendet zu werden. So findet der eine einen Zugang zu Gott in der Stille und Anbetung, der andere im Gebet und in der Musik und ein anderer im meditativen Gebet des Rosenkranzes. Dem einen erschließen sich durch gregorianische Gesänge die Tiefen des Glaubens, während der andere Gott mit modernen Liedern lobt und preist.

Immer hat jedoch – bei aller unterschiedlichen Form – Gott im Zentrum der Liturgie zu stehen. Nicht der Pfarrer feiert die Liturgie, nicht der Diakon trägt das Evangelium vor, nicht der Kirchenchor bereichert den Gottesdienst. Vielmehr wird die Liturgie vom Priester gefeiert, das Evangelium vom Diakon vorgetragen und der Lobpreis Gottes wird vom Kirchenchor mitgetragen. Dieser kleine Unterschied in der Reihenfolge macht einen großen Unterschied. Nicht Ehre und das Können der Mitwirkenden steht im Mittelpunkt, sondern die Ehre Gottes. Die Rolle des Liturgen muss demütiger werden. Er ist nicht wichtig, wichtig ist der, auf den er weist: Gott. Seine Aufgabe ist es, in der Liturgie den Weg zu bereiten, dass die Menschen in Lob und Anbetung zu Gott finden.

Wenn Gott im Zentrum der Liturgie steht, dann wird der Dienst an dieser „göttlichen Liturgie" für die Mitwirkenden sehr wichtig und verantwortungsvoll. Wenn Gott und damit auch die Menschen im Zentrum des Gottesdienstes stehen, dann sollten alle Mitwirkenden auch kritisch sich selbst betrachten und sich auch ab und an in die Rolle der mitfeiernden Gemeinde versetzen. Dann werden auch Punkte wichtig, wie ob die Texte auch akustisch gut verstanden werden, ob die Predigt gut vorbereitet und damit kurz und konzentriert war, ob es Zeiten der Stille gab und wie der Gesang und die Musik das Ganze ergänzten.

Hier noch zwei praktische Anmerkungen:

In den letzten Jahren werden zu Eucharistiefeiern immer mehr aus dem Ausland stammende Priester eingesetzt. Dies ist nicht zunächst mal eine gute Sache, da sie die Verbundenheit der katholischen Weltkirche zeigt. Jedoch erfordert es die Wichtigkeit der Liturgie, dass diese Priester vor (!) ihrem Einsatz zum einen sprachlich sehr gut ausgebildet werden und sie auch mit den Eigenarten der westlichen Welt vertraut gemacht werden. Wenn nämlich in der Eucharistiefeier die Frohe Botschaft von Jesus Christus im Evangelium sprachlich nur schlecht verstanden werden kann und die Auslegung dieser Botschaft die Lebensrealität der Zuhörer nicht trifft, dann hat die Liturgie in diesen Punkten der Feier ihre Aufgabe verpasst Gott und sein Wort in das Zentrum zu stellen. In diesem Fall wäre es besser ein vorhandener anderer Priester oder Diakon würde das Evangelium vorlesen und predigen oder ein Lektor würde das Evangelium nochmals vorlesen und auf die Predigt würde verzichtet.

Eine Eucharistiefeier am Sonntag dauert einschließlich Predigt im Normalfall 45 bis 55 Minuten. Wird diese Zeit überschritten, dann ist das ein Warnzeichen, dass bestimmte Teile der Liturgie wie Predigt, Meditation oder Musik einen höheren Zeitanteil und damit Stellenwert als sonst bekommen haben. Dann besteht die Gefahr, dass das Zentrum Gott eine Nebenrolle spielt. Oft ist es so, dass an den Hochfesten des Jahres an Ostern, Weihnachten und Pfingsten die Gottesdienste in vielen Gemeinden mit Chor und Orchester und entsprechender Dauer gefeiert werden. An diesen Tagen besuchen zudem viele Christen den Gottesdienst, die sonst nur selten einen „normalen" Gottesdienst erleben. Es erfordert viel Geschick, Vorbereitung und Konsequenz von Seiten der Liturgen und der Leitung der Musik, dass diese Feiern als ein besonders feierlicher Gottesdienst mit Zentrum Gott und nicht als festliches Konzert wahrgenommen werden. Zuletzt: Klatschen und Beifall für Chor und Musik stellen die Musik in das Zentrum und nicht Gott und sind ein Zeichen dafür, dass die Balance nicht gestimmt hat! Mein Vorschlag: wenn schon Beifall, dann nach dem Auszug der Liturgen.

Kritische Anfragen an die Kirche

Sexualität und Ehe

Papst Franziskus hat sich in seinem Lehrschreiben „amoris laetitia" (2016) eingehend mit der Lebenssituation heutiger Familien auseinandergesetzt und darin die Ergebnisse einer großen Bischofssynode zusammengefasst. Einige Passagen darin, insbesondere seine Anmerkung zur Möglichkeit der Zulassung von wiederverheiratet Geschiedenen zur Kommunion, führten innerhalb der Kirche zu einer breiten kontroversen Diskussion.

Auch wenn die Aussagen dieses Lehrschreibens verschieden ausgelegt werden, so kann doch übereinstimmend gesagt werden, dass die Lehre der Kirche über das Sakrament der Ehe zwar unverändert geblieben ist, aber die bisher offiziell rigorose Haltung beim Scheitern einer Ehe einer differenzierteren Haltung gewichen ist. Dies war mit notwendig geworden, da die rigorose Haltung selbst von vielen Katholiken nicht mehr verstanden und praktiziert wurde, wie eine zuvor durchgeführte Umfrage ergeben hatte.

Enttäuscht wurden viele aber von den erhofften, aber fehlenden Aussagen des Lehrschreibens über die Anerkennung der Ehe von homosexuellen Paaren und dem damit zusammenhängenden Adoptionsrecht für eben diese Paare.

Wie bei den anderen großen Religionen auch, so beruft sich die Kirche darauf, dass Gott – nach alttestamentlichen biblischen Berichten – den Menschen als Mann und Frau geschaffen hat (1 Gen. 1,27). Wobei hier nicht zwischen dem sozialen Geschlecht „gender" und dem biologischen Geschlecht „sex" unterschieden wird. Die mögliche Fortpflanzung ist Sinn und Aufgabe („seid fruchtbar und vermehrt euch... (1. Gen.1 28)) von Mann und Frau und somit eine unerlässliche Eigenschaft für eine katholische Ehe. Da aber homosexuelle Paare biologisch nicht direkt fortpflanzungsfähig sind, wurde praktizierte Homosexualität als Krankheit oder Sünde abgelehnt. (Bibelstellen: Gen 19,5; Levi 18,6-23 + 20,3; Richter 11,22; Weisheit 14, 22-29, Epheser 4, 19; Römer 1, 24-27+32)

Es ist die Wissenschaft, die diese Lehre der Kirche ins Schwanken bringt. Vor etwa 30 Jahren ging man auch in der Wissenschaft noch davon aus, dass bei der Geburt gender und sex übereinstimmen und erst nach der Geburt durch Krankheit oder Erziehung eine „falsche" Prägung erfolgt, die durch Psychologen oder Seelsorger wieder zu heilen oder zu korrigieren sei.

Heute dagegen wird die Homosexualität vom überwiegenden Teil der Gesellschaft und auch der Kirchenmitglieder als eine mögliche naturgegebene Variante der Sexualität gesehen, die auch praktiziert werden darf.

Wissenschaftlich nicht eindeutig geklärt sind bis heute (Juni 2017) die Ursachen der menschlichen Homosexualität. Ging 1993 Dean Darmer noch davon aus, dass Homosexualität genetisch bedingt ist und durch die Region Xq28 des X-Chromosoms verursacht wird, so wird eine ausschließliche Erklärung durch Gene oder Hormoneinflüsse während der Schwangerschaft heute verneint.

Ursache hierfür sind verschiedene Zwillingsstudien, bei denen die sexuelle Ausrichtung untersucht wurde. Diese ergaben:

Bei 27% (2,8-38) der Männer und 16% (8,3-24) der Frauen, die homosexuell aktiv waren liegt die Ursache in den Genen. Bei 73% (62-85) der Männer und bei 84% (76-91) der Frauen scheint die Homosexualität auf einzelspezifische Umwelteinflüsse zu beruhen. Erziehung selbst scheint nur eine geringe bis keine Rolle zu spielen. Die Klammerwerte geben die Fehlerstreuung an. (Latest Twin Study Confirm Genetic Contribution To Same Sex Attraction Is Minor 10%, N.E. Whitehead, 2008). Die Tendenz dieser Messung wird durch neuere Studien bestätigt (Korrespondenz Februar 2016).

Nachgewiesen wurde auch noch, dass viele schwule und lesbische Menschen besonders auf die Gerüche des eigenen Geschlechts reagieren (Christian Wolf, 2013). Dies lässt darauf schließen, dass bestimmte Teile des Gehirns auch zur sexuellen Orientierung beitragen.

Es stellt sich heraus, dass die Forschungen nach den Ursachen der Homosexualität noch am Anfang stehen. Momentan gibt es wissenschaftlich den Trend anzunehmen, dass die Homosexualität verschiedene Ursachen hat. Auch spezifische Umwelteinflüsse scheinen dazu zu gehören. Ob zu diesen Umwelteinflüssen auch (unbewusste) Teile der Erziehung gehören, ist umstritten.

Ich bin überzeugt, dass die Kirche, sollte sich ihr derzeitiger Standpunkt wissenschaftlich zwingend als unhaltbar erweisen, diesen ändern wird. Deshalb fordere ich die Wissenschaftler auf, neue Erkenntnisse und Fragestellungen verständlich und vollständig in die öffentliche und theologische Diskussion einzubringen. Von der Theologie erwarte ich, dass sie diese Ergebnisse kritisch hinterfragt, aber auch offen für neue Erkenntnisse ist und sachlich und fair argumentiert. Diese sachliche Argumentation vermisse ich bei einigen kirchlichen – vor allem evangelikalen – Aktionsgruppen, aber auch bei einigen Gruppen der „Gendertheorie".

Unabhängig von den wissenschaftlichen Erkenntnissen schließt die christliche Botschaft aber grundsätzlich die Diskriminierung von Menschen aus, egal welche sexuelle Orientierung sie haben. Denn nach christlichem Verständnis ist jeder (!) Mensch ein Abbild Gottes (Gen 1, 27).

Priester und Zölibat

Angehende Priester werden vor ihrer Weihe gefragt, ob sie bereit sind, ehelos zu leben. Dies ist Voraussetzung zur Weihe und im Kirchenrecht im CIC 1037 geregelt: „Ein unverheirateter Weihebewerber für den ständigen Diakonat und ebenso ein Weihebewerber für den Presbyterat dürfen zur Diakonenweihe erst zugelassen werden, wenn sie nach dem vorgeschriebenen Ritus öffentlich vor Gott und der Kirche die Zölibatsverpflichtung übernommen haben."

Die Verpflichtung zur Ehelosigkeit (= Zölibat) von Klerikern wurde vom II. Laterankonzil im Jahr 1139 bestätigt, nachdem es schon über Jahrhunderte hinweg in hohem Ansehen stand. Heute wird die Verpflichtung zur Ehelosigkeit und Keuschheit laut einer Umfrage des Meinungsforschungsinstituts infratest dimap von 87% der befragten Katholiken abgelehnt (Quelle: zeit-online, dpa, vom 19.03.2010). Selbst einige Bischöfe sind inzwischen für eine Öffnung des Zölibats. Und so wird seit Jahrzehnten in Deutschland heftigst über das Zölibat diskutiert.

An dieser Stelle ein Argument für den Zölibat, das in der Diskussion bei uns oft vergessen wird. Ein verheirateter Priester hätte wohl meist eine Familie bestehend aus Frau und Kindern. Für sie trägt er mit Verantwortung und muss für sie sorgen. Dies geht sicher weitgehend konfliktfrei, solange er sich gesellschaftskonform verhält. Was aber, wenn sein Glaube und seine Funktion als Priester es verlangen, dass er sich gegen gesellschaftliche Normen stellen muss? Wer als Priester die Entweltlichung von Benedikt XVI und den Aufruf von Papst Franziskus zu einer Kirche der Armen wirklich ernst nimmt, der wird innerhalb der Gemeinde und Gesellschaft nicht ohne Widerstand bleiben. Erfahrungsgemäß bekommt diesen Widerstand auch die Familie zu spüren. Dadurch kommt der Priester in einen Konflikt zwischen der Fürsorge für die Familie und seinem Eintreten für die Zukunft der Kirche.

Wohin dieser Konflikt in letzter Konsequenz führen kann, zeigt ein Buch von Friedrich-Wilhelm Hase: Hitlers Rache. In diesem Buch wird geschildert, wie Hitler nach dem Staufenberg Attentat am 20. Juli 1944 nicht nur die „Verräter" verfolgte, sondern auch deren Familien. Dabei konnte auf ein Dekret vom 25.Juni 1942 zurückgegriffen werden, in dem es hieß: „Die Männer einer schuldigen Familie, in vielen Fällen sogar der Sippe sind grundsätzlich zu exekutieren, die Frauen dieser Familien sind zu verhaften und in ein Konzentrationslager zu bringen, die

Kinder sind aus ihrer Heimat zu entfernen... Hab und Gut der schuldigen Familien wird eingezogen." (Hase, 2014)

Zwar nicht ganz so drakonisch wurden Familien in der ehemaligen DDR bestraft, wenn von einem Familienmitglied Kritik an der Politik geäußert wurde. Dies bedeutete meist für die Kinder dieser Familien ein Studierverbot.

Dass die Verfolgung von Gläubigen und dabei vor allem von Priestern nicht Vergangenheit ist, sondern auch heute noch vorkommt, zeigt die Ermordung des französischen Priesters Jacques Hamel 2016 in Frankreich durch Islamisten.

Trotz dieser und noch anderer Argumente für das Zölibat, ist doch die Frage zu stellen, ob nicht eine Regelung wie in der Ostkirche, wo bestimmte Priester verheiratet sein dürfen, ein möglicher zukünftiger Weg sein könnte. Dogmatisch steht einer derartigen Änderung nichts im Wege. Angesichts der weltweit immer noch wachsenden Zahl von Priestern gibt es aber für die Weltkirche derzeit wohl wenig Anreiz das bewährte System zu ändern.

Da auch in Deutschland das Verhältnis Gottesdienstbesucher pro Priester noch sehr gut ist (siehe oben) und viele verheiratete Pastoralreferenten und Referentinnen in der Seelsorge eingesetzt werden können, wird das Thema Zölibat voraussichtlich noch längere Zeit auf der Tagesordnung bleiben.

Frauen und Kirche

Dass Frauen in der Kirche nicht zum Priester geweiht werden können und damit auch nicht an den letzten Leitungsfunktionen der Kirche teilhaben können, ist vielen – nicht nur Frauen – ein Ärgernis.

Betrachten wir zunächst die Argumente der Kirche, die Papst Johannes Paul II in seinem Schreiben ORDINATIO SACERDOTALIS an die katholischen Bischöfe an Pfingsten 1994 aufführte:

1. „das in der Heiligen Schrift bezeugte Vorbild Christi, der nur Männer zu Aposteln wählte."
2. „die konstante Praxis der Kirche, die in der ausschließlichen Wahl von Männern Christus nachahmte..."
3. „ihr lebendiges Lehramt, das beharrlich daran festhält, dass der Ausschluss von Frauen vom Priesteramt in Übereinstimmung steht mit Gottes Plan für seine Kirche..."

Punkt 3 wurde von Papst Johannes Paul II noch verstärkt, indem er hinzufügte:

4. „Damit also jeder Zweifel bezüglich der bedeutenden Angelegenheit, die die göttliche Verfassung der Kirche selbst betrifft, beseitigt wird, erkläre ich kraft meines Amtes, die Brüder zu stärken (vgl. Lk 22,32), dass die Kirche keinerlei Vollmacht hat, Frauen die Priesterweihe zu spenden, und dass sich alle Gläubigen der Kirche endgültig an diese Entscheidung zu halten haben."

Welche Gründe gab es für Johannes Paul II für dieses Lehrschreiben und warum war es notwendig geworden Punkt 3 herauszustellen und zu verschärfen? Papst Johannes Paul II gibt diese Gründe in seinem Schreiben mit an: Es war die Zulassung der Priesterweihe in der anglikanischen Kirche und die Weihe der ersten Bischöfin 1989, die dort zu einer enormen Unruhe und letztlich Kirchenspaltung geführt hatte und bis heute spaltet. So gibt es in der anglikanischen Kirche heute 8 Provinzen ohne Frauenordination, 3 Provinzen mit Zulassung der Frauen zum Diakonat, 10 Provinzen mit Zulassung der Frauen zum Diakonat und Priesteramt und 17 Provinzen mit Zulassung zum Diakonat, Priester- und Bischofsamt.

Wie wir sehen, waren anglikanische Theologen der Meinung, dass Punkt 1 und Punkt 2 heute auch anders gesehen werden können. Die Bibel liefert für einen derartigen Perspektivenwechsel selbst ein Beispiel. So wählte Jesus nicht nur 12 Männer zu Aposteln aus, diese waren gleichzeitig auch noch Juden. Auf die Frage, ob auch Nichtjuden Christen und letztlich Nachfolger der Apostel sein dürfen, kam es unter der jungen Kirche zu einem Streit, der in der Apostelgeschichte beschrieben wird (Apg. 15,1-29). Die Lösung dieses Streits erfolgte durch die Apostelversammlung.

Auch die anglikanische Kirche ist diesen Weg gegangen. Sie rief eine Generalversammlung ein und dort stimmte eine Zweidrittelmehrheit für die Zulassung der Frauen zum kirchlichen Amt (Diakon, Priester, Bischof). Leider war damit der Streit darüber nicht beendet, weil nicht alle das Ergebnis der Abstimmung akzeptierten.

Man muss Johannes Paul II recht geben. Die Diskussionen in der katholischen Kirche sind seit seinem Lehrschreiben zumindest im Kreis der Bischöfe (an die war das Schreiben gerichtet) verstummt. Eine Kirchenspaltung hat es nicht gegeben!

Nicht verstummt sind jedoch die Stimmen, Fragen und Forderungen von Gläubigen und Theologen/innen. In einer ersten Reaktion hat Papst Franziskus 2016 eine Kommission einberufen, in der die Möglichkeit der Diakonenweihe für Frauen untersucht werden soll. So ganz klar scheint die Situation also doch nicht zu sein! Zwar ist die Diakonenweihe noch keine Priesterweihe, aber beide gehören – wie das Bischofsamt – zum Ordo, d.h. zum Weihesakrament.

So wichtig und sinnvoll das Schreiben von Johannes Paul II für die Einheit der Kirche 1994 war, so stellt sich dennoch die Frage für die Zukunft:

- Was ist, wenn die überwiegende Mehrzahl der katholischen Gläubigen, Theologen und Bischöfe glaubt, dass die Weihe von Frauen zu Priestern „theologisch gerechtfertigt" ist. (vgl. anglikanische Kirche, Synode in England, 9.7.2006)?
- Was ist, wenn dann einmal das dann „lebende Lehramt" erkennen sollte, dass es durchaus im Plan Gottes liegt, das Priesteramt auch auf Frauen auszudehnen?

Ich möchte an dieser Stelle noch deutlicher werden. Es ist durchaus Aufgabe der Kirche, den Menschen heute zu erklären, was aus Sicht des Lehramts der Wille Jesu Christi war und ist. Dies hält die Kirche zusammen und stärkt die Gläubigen. Es kann aber nicht Aufgabe des Lehramts sein, den Willen Gottes und der Kirche für die Zukunft festzulegen! Eine solche Aussage wäre häretisch, würde sie doch bedeuten, den Geist Gottes und damit neue Erkenntnisse und Wahrheiten in der Kirche auf Dauer auszuschließen. Auch die Kirche kennt letztlich (noch) nicht den vollen Heilsplan Gottes. Sie befindet sich noch auf dem Weg und ist noch nicht am Ziel angekommen. Das Wort „endgültig" im Schreiben von Johannes Paul II bezieht sich also auf die Diskussion im Jahr 1994. Eine Diskussion heute – dreizehn Jahre später - und in Zukunft ist erlaubt!

In diesem Sinne fordere ich vor allem die jungen Christinnen auf, mit der Kirche in einen Dialog zu treten. Der Theologe Karl Rahner hat einmal die Kirche mit einer „alten Mutter" verglichen. Alte Menschen sind meist altmodisch, sie neigen manchmal zur Sturheit und sind zuweilen etwas taub. Ihr müsst deshalb laut und eindringlich eure Anliegen vortragen. Alte Menschen sind auch zuweilen vergesslich, deshalb müsst ihr euer Anliegen immer wieder wiederholen. Bei all diesen Eigenschaften vergesst aber nicht, dass eure „alte Mutter" es gut mit euch meint und dass sie immer für euch da war und da sein wird.

Was auch nicht vergessen werden darf, ist, dass die gesellschaftliche Rolle der Frau weltweit noch nicht eindeutig ist. In vielen Teilen der Erde und damit auch in vielen Ortskirchen herrscht noch ein patriarchalisches System, in dem allein der Mann das Sagen hat. Hier würde die Zulassung von Frauen zum Priesteramt und damit verbunden zur Leitungsfunktion, derzeit auf völliges Unverständnis stoßen. Hier ist es erste Aufgabe der Kirche, daran mitzuwirken, dass diese Benachteiligung der Frauen beendet wird. Erste Schritte bei sich selbst hat die Kirche bereits getan. Hatte Paulus noch gefordert: es „gehört sich nicht für eine Frau, dass sie vor der Gemeinde rede" (1. Kor. 14, 35), so ist dies heute in den meisten Gemeinden gängige Praxis.

Und mit Thomas von Aquin glaube ich, dass sich die Kirche auf Dauer vernünftigen Gründen nicht verschließen kann und gegebenenfalls die Bibel und die Schreiben des Lehramts so zu lesen sind, dass sie der Vernunft und auch neu erkannten Wahrheiten nicht widersprechen (siehe oben!).

Kirche und Macht und Missbrauch

Kinder und Jugendliche sexuell zu missbrauchen, gehört zu den widerwärtigsten Verbrechen, da die Menschen unter diesem Missbrauch meist lebenslang seelisch schwer zu leiden haben. Diese Verbrechen kommen leider in der ganzen Gesellschaft vor. Jahrhundertelang wurden diese Verbrechen meist verschwiegen und vertuscht bzw. die Schuld auf die Jugendlichen gelenkt. Es ist eine gute Entwicklung unserer Gesellschaft, dass diese Verbrechen in den letzten Jahren konsequent aufgedeckt und verfolgt werden.

Leider ist auch die Kirche von derartigen Missbrauchsfällen nicht verschont geblieben. Dies wiegt umso schwerer, da die Kirche den Menschen Heil bringen soll. Kommt nun Unheil durch Handlung von Kirchenmännern zu den Kindern, dann ist dies neben der Zerstörung von Menschenleben auch noch eine Pervertierung der christlichen Botschaft. Es muss deshalb ein vordringliches Anliegen der Kirche sein, derartige Zerstörer unverzüglich aus ihrer Gemeinschaft auszuschließen.

Die Bundeszentrale für gesundheitliche Aufklärung (BZgA) hat die Kriminalstatistik von 1993 bis 2009 untersucht und dies in einem ausführlichen Bericht veröffentlicht (Bettina Zietlow, ForumOnline, 2010, Ausgabe 3). Neben dem wichtigen Hinweis, dass die Kriminalstatistik der Bundesrepublik „gegenwärtig nicht über aktuelle, repräsentative und wissenschaftlich gesicherte Erkenntnisse zur Thematik des sexuellen Missbrauchs von Kindern" verfügt, zieht sie aber doch einige Schlüsse, die auch die katholische Kirche betreffen:

„In der Öffentlichkeit ist in den letzten Monaten ferner der Eindruck entstanden, dass katholische Kinder, die in ihren Kirchengemeinden beispielsweise als Ministranten tätig sind, ein besonders hohes Risiko haben könnten, Opfer sexuellen Missbrauchs durch Priester zu werden. Verschiedentlich wurde die These aufgestellt, der Zölibat sei mitverantwortlich für einen sexuellen Missbrauch von Kindern durch katholische Priester und Ordensangehörige. Die bisher bekannt gewordenen Fakten scheinen allerdings nicht dafür zu sprechen, dass diese Einschätzungen zutreffen." (Zietlow, 2010)

Und weiter:

„Es lässt sich einwenden, dass das Dunkelfeld bei Missbrauchsfällen in der Kirche besonders groß sein könnte. Möglicherweise ist die Hemmschwelle, einen Priester anzuzeigen, für viele Opfer höher als bei Tätern aus ihrem sonstigen nicht-familiären Umfeld. Aber selbst wenn die kirchliche Dunkelfeldquote deswegen dreimal größer wäre als im Durchschnitt der anderen Fälle, läge der Anteil der Priester bei den Tätern lediglich bei drei statt bei einem Promille. Zweifel ergeben sich ferner an der These, dass katholische Priester durch den Zölibat ein deutlich erhöhtes Risiko hätten, Täter des Missbrauchs zu werden." (Zietlow, 2010)

Der eigentliche Skandal der katholischen Kirche liegt darin, dass die Missbrauchsfälle systematisch verschwiegen und vertuscht wurden. In vielen Fällen hat die Kirche nach Bekanntwerden von Vorwürfen Priester nur versetzt, ohne die Gemeinden entsprechend zu informieren. Auch stießen Vorwürfe und Hinweise von Kindern und Eltern oft auf taube Ohren. Diesen Vorwurf der Vertuschung hat 2010 der damalige Vorsitzende der deutschen Bischofskonferenz endlich eingeräumt: „ja, das hat es gegeben." und weiter: „dass Übergriffe in solcher Zahl auch in unseren Einrichtungen stattgefunden haben, beschämt mich und bewirkt in mir ein großes Erschrecken…" (FAZ, 31.03.2010).

Die Kirche und damit ihre Mitarbeiter und ihre Leitungspersonen bestehen aus Menschen, die oft allzu weltliche Eigenschaften haben. Eine repräsentative, besitzstandserhaltende und damit machterhaltende Haltung befriedigt bis heute den Ehrgeiz und die Eitelkeit allzu vieler geistlicher Würdenträger. Viele alte Ehrentitel, wie „Hochwürden" oder „Exzellenz" zeugen von dieser Haltung und wirken in der Kirche weiter fort. Gilt die Kirche als Ganzes als unfehlbar, so nehmen viele Geistliche die Autorität der Unfehlbarkeit auch für sich und ihren kirchlichen und privaten Bereich in Anspruch. Diese noch vorhandenen zutiefst unchristlichen Machtstrukturen innerhalb der Kirche sind Hauptursache von Missbrauch und Vertuschung. Sie widersprechen der Grundhaltung Jesu, der über sich sagte: „Denn auch der Menschensohn ist nicht gekommen, um sich bedienen zu lassen, sondern um zu dienen…" (Mt. 20,28). Diese Aussagen der 1. Auflage werden durch eine neue Studie (siehe unten!) bestätigt.

Rom und die Bischöfe haben auf das öffentliche Bekanntwerden der Missbrauchsfälle reagiert. Es ist Papst Benedikt XVI mit zu verdanken, dass weltweit schnell reagiert wurde. Auch in Deutschland wurde reagiert, so setzte die Deutsche Bischofskonferenz 2013 eine unabhängige wissenschaftliche Kommission ein, die die Vorfälle untersuchen soll.

Im September 2018 (also über ein Jahr nach meinem Aufenthalt im Vatikan) wurde der Endbericht veröffentlicht unter dem Titel: „Sexueller Missbrauch an Minderjährigen durch katholische Priester, Diakone und männliche Ordensangehörige im Bereich der Deutschen Bischofskonferenz") (MHG, 2018)

Das Ergebnis dieser Untersuchung wurde in der Öffentlichkeit und auch Kirchenintern breit diskutiert, waren die Zahlen doch höher als vielfach vermutet worden war. So ergab allein die Auswertung der Personalakten der Diözesen bei 1670 Klerikern der Verdacht auf sexuellen Missbrauch Minderjähriger. Prozentual gesehen liegt der Missbrauch bei Diözesanpriestern bei 5,1 %, bei Ordenspriestern bei 2,1 % und bei hauptamtlichen Diakonen bei 1,0 %.

Dass die wirkliche Zahl der Missbrauchstäter wesentlich höher liegt, ist offensichtlich. So wurden bei zwei Diözesen eindeutig Akten von Missbrauchsfällen aus den Unterlagen entfernt. Bei weiteren 13 Diözesen kann eine Manipulation nicht ausgeschlossen werden. Nur 12 Diözesen verneinten eine Manipulation ihrer Akten.

Die Hemmschwellen einen Priester wegen Missbrauch anzuzeigen liegen aufgrund seiner sozialen Stellung ziemlich hoch, so dass mit einer großen Dunkelziffer gerechnet werden muss. Viele Studien gehen hier von mindestens einem Faktor 2 aus. Die MHG-Studie spricht zwar immer wieder von einer hohen Dunkelziffer, sie hält sich aber mit einer konkreten Zahlenangabe sehr zurück. Dass die Zahl der wirklichen Fälle deutlich höher ist, ergibt sich auch aus der Tatsache, dass Missbrauchte, die sich an einer Vertrauensperson wandten zwar von dieser Vertrauensperson meist ernst genommen wurden (80,9%), jedoch wurden nur 12,8% dieser Fälle an kirchliche Stellen weitergemeldet. Dies deckt sich auch mit meinen Erfahrungen aus der Praxis, wo mehrfach zwar der Verdacht des Missbrauchs geäußert wurde, die Eltern jedoch auf Verschwiegenheit beharrten und die Weitergabe des Verdachts untersagten.

Eine im März 2019 vorgestellte Studie der Universität Ulm (Autor Jörg Fegert) ergibt für die katholische Kirche in Deutschland die Zahl der „Missbrauchsopfer durch katholische Geistliche mit 95-prozentiger Wahrscheinlichkeit zwischen 28.000 und 280.000". (Quelle: www.katholisch.de bzw. Journal of Child Sexual Abuse). Verglichen mit der MHG-Studie, die von 3677 Missbrauchsopfern ausgeht eine Steigerung um mindestens den Faktor 7,6 (bei 28.000 Opfern)!

Wendet man diesen Faktor auch auf die Anzahl der Täter an, so ergibt sich bei den Priestern ein Anteil von 38% aller Diözesanpriester. Diese Zahl ist unrealistisch hoch, jedoch macht sie klar unter welchem Generalverdacht die Geistlichen der Kirchen (in der evangelischen Kirche sind die Zahlen entsprechend der Ulmer Studie ähnlich hoch) stehen.

In der über 330 Seiten dicken MHG-Studie wurde das Täter- und Betroffenenverhalten genau untersucht.

Hierbei lag das Alter der 1670 Beschuldigten bei durchschnittlich 42,6 Jahren und 14,5 Jahre nach ihrer Weihe. Die Anzahl der Missbrauchten lag bei 3677 hiervon waren 62,8% männlich und 34,9% weiblich. Das Durchschnittsalter betrug 12 Jahre. 54% der Kinder wurden einmal misshandelt, 42% mehrfach (Durchschnitt: 4,7-mal, max. 64-mal). 83% der Taten wurden planmäßig durchgeführt. In allen Fällen wurde die Autorität des Täters eingesetzt. In 35% der Fälle wurden zusätzlich noch Versprechungen gemacht.

In 91% der Fälle kam es zu einem unsittlichen Anfassen des Opfers; bei 36% zu einer Penetration (Geschlechtsverkehr). Insgesamt zeigen die Auswertungen zu den Beschuldigten, dass es sich bei den Beschuldigten aus der katholischen Kirche ganz überwiegend um Priester und kaum um Diakone handelte. Der Anteil der Beschuldigten, bei denen eine homosexuelle Orientierung festgestellt werden konnte, ist deutlich höher als in der Vergleichsgruppe (19,1 % gegenüber 6,4 %)

Als Hauptursache für den Missbrauch gibt die MHG-Studie die Machtposition der Priester an (im Gegensatz zu Diakonen!):

„Für die Betroffenen der Onlinebefragung basierte dieses Kirchenbild zum einen auf einem kirchlichen Unfehlbarkeitsgedanken und zum anderen auf dem Hirtenbild der Priester. Der Unfehlbarkeitsgedanke der katholischen Kirche unterstellt aus Sicht der Betroffenen Klerikern als geweihten Personen die Freiheit von menschlichen Makeln. Der Hirtengedanke versetzt Kleriker in die Lage, allen anderen Menschen (Laien) zu jeder Zeit den rechten Weg weisen zu können. Beide Gedanken implizieren, dass die Mittel und Wege, die diesbezüglich von der katholischen Kirche oder ihren Klerikern beschritten oder genutzt werden, nicht zu hinterfragen und ausnahmslos richtig sind. Außerdem verbanden die Betroffenen mit diesen Gedanken die Überlegenheit des Klerus gegenüber allen Laien und nicht-klerikalen Personen sowohl innerhalb als auch außerhalb der katholischen Kirche. Diese Deutungshoheit sichert dem Klerus zudem innerhalb der katholischen Kirche hohe Stellungen bzw. Ämter und macht diese Positionen nach außen hin unantastbar. Damit geht eine hohe weltliche und geistliche Macht einher. In den Augen der Teilnehmer der Onlinebefragung standen die Betroffenen bzgl. des erlebten sexuellen Missbrauchs und dessen Aufarbeitung einer schier übermächtigen Institution gegenüber, die sie ihren Erfahrungen nach ausgrenzte." (MHG-Studie, Seite 329)

Man kann aber positiv feststellen: Die Kirche hat auf die Missbrauchsfälle umfassend reagiert. Es wird nach den Ursachen geforscht und ein umfangreiches Vorsorgeprogramm mit verpflichtenden regelmäßigen Schulungen und der Vorlage des polizeilichen Führungszeugnisses wurde eingeführt. Ebenso wurden in allen Diözesen Ansprechstellen und Notrufnummern geschaffen, die sofort entsprechenden Hinweisen unverzüglich nachgehen. Mit der Folge: beschuldige Personen werden innerhalb kürzester Zeit von ihrem Posten enthoben. Opferschutz hat oberste Priorität. Manchmal zum Nachteil von Personen, die zu Unrecht verdächtigt werden.

Was die Machposition der Priester betrifft, so hat sich diese – zumindest außerhalb der Kirche – durch den Missbrauch Skandal in das Gegenteil verwandelt. Das Ansehen der Priester ist in den Augen der Öffentlichkeit stark gesunken und wer sich zur Kirche bekennt wird immer wieder mit den Missbrauchszahlen konfrontiert. Zugleich wird in der öffentlichen Diskussion fast immer ein Zusammenhang zwischen dem Zölibat und dem Missbrauch vorausgesetzt. Diesen kausalen Zusammenhang sieht die Studie nicht. Hierdurch entsteht der Anschein, dass die Kirche nichts aus dem Skandal gelernt hat und der Missbrauch weitergeht.

Auch wenn die deutsche Kirche inzwischen viel in Prävention und die Schulung und Überwachung ihrer Geistlichen investiert, so bleibt doch die Frage offen, ob sich innerhalb der Kirche an den Machtpositionen ihrer Geistlichen etwas geändert hat.

Der hohe Anteil der homosexuellen Beschuldigten lässt zumindest vermuten, dass das Amt des Priesters für Menschen, die sich nicht zu ihrer Geschlechtlichkeit bekennen können, sehr attraktiv sein kann. Eine strengere Auswahl der Priesteramtskandidaten ist hierzu erforderlich. Dies steht allerdings im Widerspruch zum Priestermangel, der dazu führt, dass Priesteramtskandidaten händeringend gesucht werden.

Dass jetzt von vielen die Lockerung des Zölibats als radikale Lösung in die Diskussion eingebracht wird, darf niemand verwundern. Diese Diskussion hat sich die Kirche selbst eingebrockt.

Kirche und Moral

Im Frühjahr 2019 veröffentliche Papst em. Benedikt XVI im Bayerischen Klerusblatt einen Aufsatz zum Thema: Die Kirche und der Skandal des sexuellen Missbrauchs. Es ist auch der Rückblick eines 92-jährigen Theologen auf die Entwicklung der Moraltheologie der letzten 50 Jahre.

Benedikt beschreibt darin zunächst, dass das zweite vatikanische Konzil eine Begründung seiner Moral durch das Naturrecht weitgehend ablegte und versucht wurde die Moral biblisch zu begründen. Jedoch scheiterte der Versuch der Theologen nach Ansicht Benedikts kläglich.

In der Theologie setzte sich die Überzeugung durch, das es „nicht schlechthin Gutes und ebenso wenig etwas immer Böses geben, sondern nur relative Wertungen" geben könne. Diese Meinung der Theologen teilten auch die meisten der Christen. Sie wägten ab und entschieden nach ihrem Gewissen, was im Bereich Sexualität und Ehe gut für sie sein könnte.

Benedikt erklärt nicht, warum das II. Vatikanum auf die Begründung der Moral durch das Naturrecht verzichtete. Könnte es sein, dass naturwissenschaftliche Kenntnisse in Biologie und Medizin eine neue Sicht auf das Naturrecht brachten? Dass Benedikt selbst sich nicht ausdrücklich bei seiner Kritik an der modernen Moraltheologie auf dieses Argument zurückzieht legt nahe, dass die Argumente des Naturrechts nicht mehr überzeugten. Durch die weite Verbreitung von Verhütungsmitteln war es jetzt einfach den Geschlechtsakt vom Zeugungsakt zu trennen. Ebenso wurde erforscht, dass die Natur etwa 10 Tage nach Verschmelzung von Same und Eizelle einen „Gentest" durchführt, an deren Ende in fast 50% der Fälle das befruchtete Ei abgeht.

Damit stand die katholische Kirche vor einem Dilemma. Das Naturrecht konnte nicht mehr zur Begründung seiner Lehre herangezogen werden und die biblische Begründung reichte ebenso wenig. Was tun?

Benedikt und mit ihm Papst Johannes Paul II in der Enzyklika „Veritatis splendor" (6.8.1993) greifen auf die unverrückbaren Werte der Kirche zurück.

Dass das zu logischen Widersprüchen führen musste, zeigt eine Aussage von Benedikt: „Es gibt Werte, die nie um eines noch höheren Wertes wegen preisgegeben werden dürfen und die auch über dem Erhalt des physischen Lebens stehen."

Dem muss entschieden widersprochen werden! Wenn wir als Kirche Gott und seine Liebe als den höchsten Wert ansehen, dann kann es keine anderen Werte geben, die diesen höchsten Wert in Frage stellen. Eine Moral, die unauflösliche Normen in den Vordergrund stellt und bei dem Gott und seine Liebe an zweiter Stelle kommen ist nicht christlich. Eine Kirche in dem Gott nicht die erste Stelle einnimmt, ist nicht die Kirche Christi.

Ausführlich beschreibt Benedikt aus seiner Sicht den Niedergang der Moraltheologie und die damit verbundenen Auswirkungen. Was ist zu tun? Auch diese Frage stellt Benedikt. Und er gib eine gute Antwort: „Nur wenn die Dinge einen geistigen Grund haben, gewollt und gedacht sind – nur wenn es einen Schöpfergott gibt, der gut ist und das Gute will – kann auch das Leben des Menschen Sinn haben." Dass die Dinge einen Grund haben und dass dies im Einklang mit der Schöpfung steht, war bis zum II. Vatikanum durch die Berufung auf das Naturrecht eindeutig geregelt. Große Theologen wie Thomas von Aquin haben der Kirche diesen Weg gezeigt. Wenn die Kirche sich wieder erneut am Naturrecht orientiert und ihre Lehre in Einklang mit den naturwissenschaftlichen Erkenntnissen über die Schöpfung bringt, dann kann die Sprachlosigkeit der Kirche in moralischen Bereichen überwunden werden. Dann kann die Kirche ihren Gläubigen und der ganzen Menschheit überzeugend Wege für ein gelungenes Leben aufzeigen.

Kirche und Kirchensteuer

Nachtrag zur zweiten Auflage:

Nachdem die Kirche und ihre Geistlichen durch den Missbrauchsskandal in der Gesellschaft an Glaubwürdigkeit verloren hat, gibt es nun erfreulicherweise erste Stimmen, die eine radikale Umkehr und Neuausrichtung der deutschen Kirche fordern, wie sie von Papst Benedikt XVI und Papst Franziskus schon lange angeregt wurden (siehe Abschnitte oben).

So kann sich der Eichstätter Bischof Gregor Maria Hanke vorstellen, „über die Zukunft der Kirchensteuer nachzudenken". (Quelle: Neujahrsempfang 2019, Eichstätt). Er fordert „eine ärmere Kirche zu wagen" und fortan „auf die institutionalisierten gesellschaftlichen Möglichkeiten der Einflussnahme der Kirche in der heutigen Breite zu verzichten."

Leider sind seinem mutigen Schritt die anderen Bischöfe bis heute (zumindest öffentlich) nicht gefolgt.

Dass viele von einer armen, aber den Menschen nahen Kirche nicht begeistert sind, zeigt u.a. die Reaktion des Leiters des katholischen Büros in Düsseldorf Antonius Hamers, der davon warnte das Kirchensteuersystem preiszugeben, sie sei eine „gute und zeitgemäße Finanzierung, die auf mittlere Sicht nicht kompensiert werden könne." (Quelle: varicannews.va)

Wenn Menschen aus der Kirche austreten müssen, wenn sie nicht mehr bereit sind, das jetzige Finanzsystem der Kirchen zu unterstützen, dann wird so getan, als ob Gnade und Geld zusammenhängen würden. Ob sich die Bischöfe darüber im Klaren sind, dass sie mit ihrer derzeitigen Haltung nicht wenige Menschen aus der Kirche ausschließen, die nur das fordern was auch Jesus gefordert hat: „Selig die Armen..." (Lk 6,20b).

Immer wird der Mitgliedsbeitrag von Vereinen als Argument für die Kirchensteuer herangezogen. Wer den vorgeschriebenen Beitrag nicht zahlt, der wird aus dem Verein ausgeschlossen. Dies ist meist in der Satzung festgelegt. Die Kirche aber ist kein Verein und die Taufe ist keine Beitrittserklärung, die beliebig gelöst und wieder geschlossen werden kann. Der Katechismus der katholischen Kirche schreibt zur Taufe: „Die Taufe bezeichnet den Christen mit einem unauslöschlichen geistlichen Siegel, dass er Christus angehört." (catholika, 1993). Die Kirchensteuer als vorgeschriebener Mitgliedsbeitrag wird in den Glaubensbekenntnissen der Kirche nirgends erwähnt und ist eine spezielle deutsche Erfindung, ebenso wie die Einziehung durch die staatliche Steuerbehörde. Immer wieder fordern die deutschen Bischöfe Reformen von Rom. Hier könnten sie eigene Reformen schnell und ohne kirchliche Hindernisse durchführen.

Mit Jesus kann man fordern: Wer es gut mit der Kirche meint, der verlangt von ihr, dass sie arm ist. Schon Luther hat die Verbindung von Geld und Gnade durch den Ablasshandel kritisiert. Da die Kirche nicht rechtzeitig reagierte, erfolgte leider eine Kirchenspaltung. Es bleibt zu hoffen, dass die deutsche Kirche es nicht soweit kommen lässt, sondern die Zeichen der Zeit erkennt und entsprechend handelt, bevor ihr die Gläubigen scharenweise davonlaufen.

Es ist allerdings utopisch zu glauben, dass die Kirche von heute auf morgen auf alle Einnahmen verzichten könnte. Dagegen spricht schon, dass sie auch gegenüber ihren Angestellten Verpflichtungen eingegangen ist, die noch über Jahrzehnte fortlaufen werden. Auch haben Mitarbeitende der Kirchen Anrecht auf einen gerechten Lohn. Würde das jetzige Kirchensteuersystem z.b. durch Einnahmen auf Spendenbasis ersetzt, so hat dies zum Nachteil, dass nicht mehr automatisch mit festen Einnahmen langfristig gerechnet werden kann. Trotzdem ist ein Systemwechsel möglich. Die langfristigen Verbindlichkeiten der Kirche könnten aus Einnahmen aus Kichenvermögen und langfristigem Vermögensabbau bezahlt werden. Weiter kann davon ausgegangen werden, dass viele Kirchenmitglieder auch bereit sind, die gute Arbeit der

Kirchenmitarbeitenden finanziell zu unterstützen, so dass laufende Kosten durchaus aus Spendenmitteln bezahlt werden können.

Es ist auch überlegenswert, ob die Kirche auf Dauer so viel Hauptamtliche braucht. Natürlich ist es komfortabel, wenn Caritas, Besuchsdienste, Kirchenmusik, Erstkommunion- und Firmvorbereitungen von Hauptamtlichen betreut werden. Dass es auch anders geht, zeigen Länder ohne Kirchensteuersystem. Hier werden viel mehr Aufgaben von Ehrenamtlichen übernommen, als bei uns. Hinzu kommt: wo es weniger Vermögen und weniger Geld gibt, braucht es auch weniger Personal um das Geld und das Vermögen zu verwalten.

Dass auch Dienste ehrenamtlich möglich sind, zeigt sich am Weiheamt des Diakons. Etwa 50% der Diakone arbeiten schon jetzt in einem Zivilberuf und üben ihr Amt als Diakon in den Gemeinden ehrenamtlich aus.

Viele Priester und Hauptamtliche stöhnen heute über zu viel Bürokratie. Wenn heute ein Pfarrer Dienstvorgesetzter eines Pastoralteams, von Sekretariaten, Hausmeistern, Mesnern und Kirchenmusikern ist, so schluckt dies einen Großteil seines Arbeitseinsatzes. Für die eigentliche Aufgabe: die Weitergabe des Glaubens und für das Leben aus dem Glauben, bleibt da meist nur noch wenig Zeit. Überlegungen jetzt einen zusätzlichen hauptamtlichen Verwalter einzusetzen, bläst diese Bürokratie nur noch weiter auf. Angesichts der sinkenden Kirchenmitgliederzahlen sollte auch die Bürokratie den Mitgliedszahlen angepasst werden. Momentan hat man den Eindruck, dass genau das Gegenteil passiert. Immer mehr Personal wird eingestellt, um dem Mitgliederschwund entgegenzuarbeiten. Bisher ohne großen Erfolg! Ich bin überzeugt: Nur ein Verzicht auf Kirchensteuereinnahmen führt zu einem Umdenken in der Kirche und zu einem Bürokratieabbau. Die Kirche Jesu ist eine arme Kirche. Und diese arme Kirche wird überleben!

Barmherzigkeit und Demut

Im Wort Barmherzigkeit stecken zwei Wörter: Herz und arm. Über den materiellen Reichtum der Kirche wurde schon berichtet. Doch die Aufgabe der Kirche ist es nicht Besitz zu verwalten. Ihre Aufgabe ist, es auf die göttliche Dimension in unserer Welt und in unserem Leben hinzuweisen. Dass ihr dies nur ungenügend gelingt, ist augenscheinlich und letztlich nicht verwunderlich. Wenn sich Menschen ganz Gott hingeben und sich von der Welt abkoppeln, dann werden sie im wahrsten Sinne der Wortes Sonderlinge. Die Aufgabe der Kirche ist es, den Menschen auf der Erde den Weg zu Gott zu zeigen. Dazu muss sie mit beiden Füßen auf dem Boden stehen. Nur wenn sie das tut, kann sie Menschen im alltäglichen Leben erreichen.

Doch wer mit beiden Füssen den Kontakt zur Erde behält, der ist auch den alltäglichen Sorgen der Menschen ausgesetzt. Und so kann die Kirche die Menschen nur erreichen, wenn sie sich mitten in das alltägliche Leben hineinbegibt mit allen Gefahren und Versuchungen, die dies mit sich bringt. Eine solche weltliche Kirche wird von den Unwettern, Irrtümern und Ungeheuern der Welt und ihrer Zeit gebeutelt werden. Papst Franziskus schwärmt von dieser „verbeulten Kirche"!

Kann aber eine verbeulte Kirche ihrem Auftrag, auf das Göttliche zu verweisen, noch gerecht werden? Ist eine derartige Gemeinschaft von Gläubigen von außen gesehen nicht an Religiosität arm und daher für Suchende unattraktiv?

Doch auch wenn die Kirche ihrem Auftrag auch nur völlig unvollkommen nachkommt, so gelingt es ihr doch immer wieder punktuell die göttliche Dimension unserer Existenz aufzuzeigen. So berichten es zumindest Menschen, die sich auf ihre christliche Botschaft eingelassen haben.

Nur wer ein großes Herz hat, wer großzügig über die Beulen der Kirche hinweg schauen kann, der erkennt hinter der geistigen Armseligkeit der Kirche noch ihre eigentliche Aufgabe. Nur wer schließlich Erbarmen mit dieser Kirche hat, kann letztlich ihrer Botschaft vertrauen. Eine Botschaft, die auf die Größe Gottes und seine Barmherzigkeit mit uns verweist.

Denn auch wir selbst sind zu verwurzelt im Alltag und können nicht aus eigener Kraft das Göttliche erahnen und erkennen. Die göttliche Dimension in unserem Leben lässt sich nämlich nicht wie Mathematik oder Fremdsprachen erlernen. Wir können diese Dimension nur erfahren, wenn wir uns von ihr berühren lassen, wenn wir darauf vertrauen, dass unser Leben wertvoll ist, weil es von Gott kommt und dass dieser Gott trotz unserer Beschränktheit und Armseligkeit barmherzig ist. Für die Christen und ihre Kirche zeigt sich diese Barmherzigkeit und Liebe Gottes im Leben von Jesus Christus.

Dass Reichtum und Macht der Kirche letztlich schadet, weil sie zu einer Verweltlichung der Kirche führt und damit ihre göttliche Dimension verdeckt, wurde schon an anderer Stelle erwähnt. Es ist ein Punkt der über die Jahrhunderte hinweg immer wieder von vielen Heiligen kritisiert wurde und der auch heute durch die Forderung nach einer „entweltlichten Kirche" (Papst Benedikt XVI) und einer „armen Kirche" (Papst Franziskus) wieder aktuell ist.

Es ist jedoch ein weiterer Gesichtspunkt, der die Macht und den Reichtum der Kirche hier nochmals in den Mittelpunkt rückt. Wo Reichtum und Macht ist, da sind auch Menschen, die von diesem Reichtum und dieser Macht angezogen werden. Reichtum und Macht aber sind ein guter Nährboden für Eitelkeit, Machtgier, Überheblichkeit und Korruption.

Längst gibt es in vielen Diözesen und Gemeinden in Gremien und Pastoralteams einen Kampf um Macht und Einfluss. Es wird um Kompetenzen gerangelt und Zuständigkeiten und Machtbereiche werden immer wieder neu aufgeteilt. Dabei merken die Personen oft gar nicht, dass das Fell, um das sie sich streiten immer kleiner wird.

Kleiner auch deshalb, weil durch dieses Gerangel das Eigentliche der Kirche in den Hintergrund rückt. Die Kirche ist verbeult und ihre Mitarbeiter dürfen es durchaus auch sein. Sowohl Kirche, als auch ihre Mitarbeiter und Mitarbeiterinnen sind auf das Erbarmen der Menschen angewiesen. Darauf, dass die Menschen großherzig über ihre Fehler und Armseligkeiten hinwegsehen, um dann die eigentliche Botschaft zu erkennen. Wie aber soll das möglich sein, wenn Mitarbeiter und Mitarbeiterinnen vor Eitelkeit, Selbstmitleid, Überheblichkeit und Machtgier nur so strotzen und auf die Fragen der suchenden Menschen oft nur noch mit Bürokratie, abgehobenen pastoralen Konzepten oder Spott antworten?

Wo kein Geld ist, gibt es auch keine Bürokratie. Wo es keine Macht zu verteilen gibt, da halten sich Menschen mit Machtgier fern. Wer ganz unten bei den Menschen ist, der kann nicht überheblich sein.

Wo aber Geld und Macht da ist, da ist es zumindest wichtig sich der Gefahr klar bewusst zu sein. Wenn die Kirche sich nicht weiter den Weg zu Gott versperren will, dann ist vor allem eines wichtig: Demut.

Demut ist die Haltung eines Dienenden. Die Haltung von jemand der weiß, dass er seinen Erwartungen und den Erwartungen der anderen nicht gerecht werden kann. Von jemandem der sich seiner Schwächen und Unzulänglichkeiten bewusst ist.

Menschen verlassen in Scharen die Kirche und besuchen immer weniger ihre Gottesdienste. Die Kirche und ihre Mitarbeiter haben versagt! Dies einzugestehen wäre die erste Stufe zur Demut. Stattdessen wird aber die Schuld in der bösen Welt, in der Technik oder sonstigen gesellschaftlichen Gegebenheiten gesucht. Zur christlichen Demut gehört auch einzugestehen, dass die Kirche letztlich immer versagen wird, eben weil sie menschlich ist und hinter den Erwartungen der Menschen und Gottes immer zurückbleiben wird.

Eine Kirche und ihre Mitarbeiter, die sich ihrer Fehler bewusst sind, die sich (wie Jesus) als Diener der Menschen sehen und sich demütig zeigen. Einer solchen Kirche können die Menschen leichter verzeihen. Sie könnten gegenüber Kirche und Mitarbeitern barmherzig sein, um so – trotz des immer erbärmlichen Zustandes der Kirche – durch sie zu Gott zu finden.

Eine demütige Kirche kann einen Neubeginn wagen, Ballast abwerfen, sich wieder auf das Eigentliche konzentrieren: auf Gott und die Welt.

Die Welt und Gott

Zur Demut der Kirche gehört auch die Realität zu sehen, dass sie an Macht und Einfluss verloren hat. Noch vor 50 Jahren war es üblich, dass ein Bauer, der am Sonntag seine Wiesen mähen wollte, den Pfarrer um Erlaubnis fragen musste, weil er die Sonntagsruhe unterbrechen wollte. Wissenschaftliche Bücher wurden vor ihrer Herausgabe bis in das Mittelalter zuerst der Kirche vorgelegt und die Kirche entschied über die Freigabe. Kirche und Religion stand eindeutig an erster Stelle bei den Menschen.

Dies hat sich geändert. Die moderne Wissenschaft steht bei der Mehrzahl der Menschen an erster Stelle und damit auch die Weltsicht. Auch an Universitäten werden die ursprünglich dominierenden theologischen Fakultäten verkleinert und zum Teil aufgelöst. Eine Universität ohne Theologie ist möglich, eine ohne moderne Natur- oder Wirtschaftswissenschaften nicht.

Dennoch suchen die Menschen – heute genauso wie früher – Antworten auf ihre Fragen nach dem woher und wohin, wobei sich im Gegensatz zu früher die Perspektive geändert hat. Hatte die Menschen früher vor allem die Frage nach Tod und was danach kommt bewegt (der Tod war eine alltägliche Erfahrung), so stellt die Gegenwart eher die Frage, wie es mit der Welt weitergehen soll. Wird die Klimakatastrophe die Erde zerstören, wird das Wirtschaftssystem kollabieren und die Menschen zerstören, wird Gentechnik den Menschen ausrotten, wird die Informationstechnik die Menschheit versklaven? Wie verkraften wir die durch Unterdrückung, Krieg, Hunger und Dürre verursachten Flüchtlingswellen? Wie wird es mit der Welt weitergehen? Diese Ängste treiben die Menschen heute um. Auf diese Fragen suchen sie nach Antworten.

Es ist nicht so, dass die Kirche auf diesen Gebieten nichts sagen zu sagen hat. Soziale, ethische und moralische Fragen hat die Kirche stets aufgenommen und bearbeitet. Viele Lehrschreiben der Päpste bis in die letzten Tage zeigen, dass diese Fragen in der Kirche angekommen sind. Ihr Einsatz für Frieden und den Umweltschutz ist eindeutig.

Als Beispiel sei der Besuch von US-Präsident Donald Trump am 24.05.2017 im Vatikan genannt. Noch am gleichen Tag veröffentlichte dpa folgenden Kurzbericht: „Papst Franziskus hat US-Präsident Donald Trump bei einer Privataudienz zum Einsatz für Frieden und Klimaschutz aufgefordert. Franziskus überreichte ihm das Bildnis eines Olivenzweigs als Friedenssymbol sowie seine Umweltenzyklika, in der eindringlich vor dem Klimawandel gewarnt wird." Dass der Papst dies eindringlich getan hat, wird aus der Antwort deutlich, die Präsident Trump wenige Stunden nach dem Treffen twitterte:

„Donald J. Trump ✔ @realDonaldTrump

Honor of a lifetime to meet His Holiness Pope Francis. I leave the Vatican more determined than ever to pursue PEACE in our world.

14:20 - 24 May 2017 · Italy

21.967 21.967 Retweets   92.263 92.263 „Gefällt mir"-Angaben"

Die Twitter Antwort von Donald Trump zeigt, dass die katholische Kirche als große Gemeinschaft von überzeugten Gläubigen durchaus Einfluss auf die Zukunft der Welt hat. Dies macht sie unersetzlich.

Gleichzeitig macht aber seine Kündigung des internationalen Klimaabkommens („America first") auch deutlich, dass die Kirche in wirtschaftlichen, sozialen und auch in Umweltfragen oft nicht mehr als kompetent angesehen wird. In Demut sollte die Kirche zugeben, dass viele – vor allem junge - Menschen bei Fragen der Zukunft der Welt, des Friedens, des Umweltschutzes und der Wirtschaft bei der Kirche und ihrer Lehre keine Antwort mehr suchen, obwohl die Welt dringend nach Antworten sucht.

Eine Antwort auf die Frage, warum das so ist, wurde oben schon gegeben. Die Kirche hat sich zu sehr dieser Welt angepasst. Wenn ich heute als religiöse Gruppe für ein Gebetstreffen einen Raum suche und mich an ein kirchliches Tagungshaus wende, dann werden mir für diesen Raum oft höhere Kosten verrechnet, als wenn ich nebenan in eine Kneipe gehe und mit diesen Menschen ein Bier trinke. Auch der kirchliche Beamtenapparat unterscheidet sich nur wenig vom öffentlichen Dienst der Gesellschaft (einschließlich der Besoldungsstruktur). Wie soll eine derartige Gruppe für eine bessere Gesellschaft eintreten können, wenn sie es bei sich selbst nicht schafft? Wenn sie die gleichen Sozialsysteme wie der Staat besitzt? Wenn ihre Mitglieder nicht anders arbeiten und reagieren als in der Gesellschaft? Wenn es auch bei ihr Misswirtschaft und Missbrauch gibt?

Papst Benedikt XVI hat mit der „Entweltlichung" einen Lösungsweg für die Kirche in Deutschland für diese Fragen aufgezeigt. Warum geht die deutsche Kirche diesen Weg nicht?

Neben den bereits oben genannten Aspekten soll hier noch ein weiterer Aspekt erwähnt werden. Papst Benedikt XVI hat 2005 ein Buch mit dem Titel: „Gott und die Welt" herausgegeben. Der Titel ist sicher mit Absicht: Zuerst kommt Gott und dann die Welt. Das ist auch die Kirche, wie wir sie real vor Ort erleben: am wichtigsten sind die Kirchen und Gottesdienste und wenn dann noch Kapazitäten vorhanden sind, dann kommen noch weltlichen Dinge wie Flüchtlinge, Kindergärten, usw. Ich weiß, dass Papst Benedikt seinen Buchtitel nicht in diesem Sinne verstanden hat. Dazu ist er zu sehr ein guter Theologe, der weiß, dass gleichwertig neben den Gottesdiensten (liturgia) auch der Dienst an der Welt und ihren Menschen (diakonia) steht. Dennoch hat Benedikt nie geleugnet, dass ihm die Liturgie besonders am Herzen liegt.

Bis in die Neuzeit war der Dienst an den Menschen neben der Liturgie die Aufgabe der Kirche. Kirchliche Gemeinden, aber vor allem Orden und Klöster kümmerten sich um Arme, Alte und Einsame. Christliche Vereine wurden gegründet, die auf gute Ausbildung von Jugendlichen achteten. Erst mit den durch Bismarck eingeführten Sozialsystemen ging diese Kompetenz von den Kirchen langsam auf den Staat über. Reste dieser alten Struktur erleben wir noch in Ortsgemeinden, wo Ordensschwestern sich noch ohne die Bürokratie und ohne Abrechnung mit der Krankenkasse um Kranke und Einsame kümmern. Doch die meisten Klöster leiden unter Nachwuchssorgen und so werden diese kleinen Außenstellen der Nächstenliebe Stück um Stück aufgegeben und durch professionelle Pflegedienste ersetzt.

Geblieben ist der Kirche die Liturgie, auf die sie sich zumindest in Deutschland voll stürzt, wobei auch die große Anzahl der Kirchengebäude und ihrer Erhaltung viel Kraft absorbiert. Verbleibende diakonische Aufgaben werden in die Caritas „ausgelagert" und so steht die Kirche vor Ort oft vor allem auf einem Bein: der Liturgie.

Doch Kirche wäre nicht Kirche, wenn nicht das fehlende Bein immer wieder nachwachsen würde. Immer wieder stehen Menschen in den Gemeinden auf und setzen sich mit viel Engagement für andere ein. Im zweiten Vatikanischen Konzil wollte die Kirche ein Zeichen setzten und hat neben dem hauptsächlich für die Liturgie zuständigen Priester nochmals das sakramentale Amt des Diakons bestärkt. In beiden Ämtern soll zum Ausdruck kommen, dass Dienst an Gott (Liturgie) und Dienst am Menschen (Diakonie) für die Kirche unverzichtbar sind. In der Eucharistiefeier soll diese Gleichwertigkeit zum Ausdruck kommen: Rechts neben dem Gottesdienstleiter sitzt immer der Diakon. Selbst wenn der Gottesdienstleiter der Papst ist, müssen alle 160 mitfeiernden Kardinäle eins aufrücken, damit der Stuhl neben ihm für den Diakon frei bleibt.

Ist es Zufall, dass in Berlin, einer der wenigen Diözesen Deutschlands, in denen die Katholikenzahl noch von Jahr zu Jahr steigt (Erzbistum, 2017), der Leiter, Erzbischof Dr. Heiner Koch, sehr Wert auf die Beteiligung von Diakonen im Gottesdienst legt und vor jedem Gottesdienst ausdrücklich die Beteiligung von Diakonen in der Liturgie einfordert. Eine Praxis, die nicht von jedem Bischof und schon gar nicht von jedem Priester so gehandhabt wird. Es geht hierbei nicht um eine Befriedigung der Eitelkeit der Diakone, sondern darum, dass der diakonische Auftrag der Kirche wahrgenommen und geschätzt wird.

Doch was in der Liturgie eigentlich vorgeschrieben ist, dies ist im Alltag vieler Gemeinden noch nicht ankommen. Gemeinde und Kirche wird erst dann wieder erster Ansprechpartner für die auch weltlichen Fragen der Jugendlichen sein, wenn auch ihr Einsatz für die Menschen wahrgenommen und geschätzt wird und wenn dieser Dienst sich wesentlich von anderen gesellschaftlichen Gruppen unterscheidet. Es muss klarwerden, dass Christen jeden Menschen als wertvoll behandeln und dass nicht wirtschaftliche oder machtpolitische, sondern christliche Maßstäbe im Umgang miteinander gelten. Wenn dann immer wieder klar wird, dass diese Maßstäbe nicht nur Theorie sind, sondern dass man mit ihnen auch im konkreten Leben kompetent auf Alltagsfragen Antwort geben kann, dann wird der eine oder andere sich sicher darauf einlassen. Dazu müssen sich die Kirche und ihre Mitarbeiter mit beiden Füßen auf den Weltboden stellen. Nur eine geerdete Kirche, eine Kirche die mit den Armen, Einsamen und Kranken unserer Zeit lebt, kann mit ihrem Zeugnis auf eine göttliche Dimension verweisen. Diese göttliche Dimension ist es, die die Kirche vor Ort ermutigt – wie Jesus - unübliche und paradoxe Wege zu gehen, Alternativen aufzuzeigen, andere Prioritäten als die Gesellschaft zu stellen und diese dann auch konkret zu leben. Eine solche Gemeinschaft von Glaubenden fällt durch ihre Andersartigkeit auf und wird deshalb wahrgenommen. So kann sie ihren Auftrag und Dienst an der Welt und an Gott erfüllen.

Dass dies durchaus nicht nur Theorie ist, davon wird schon in der Apostelgeschichte berichtet. Die Ausbreitung des Christentums war ins Stocken geraten. Was tun? Die Apostel wählten sieben Männer aus und weihten sie zu Diakonen. Sie sollten sich eigenverantwortlich um den Dienst an den Witwen und Notleidenden kümmern.

Dass das Christentum daraufhin wieder wuchs, ist eine Erfolgsgeschichte, die zeigt, dass Gottesdienst und der Dienst am Menschen das Erfolgsrezept der Kirche ist. Meine Hoffnung ist die, dass immer mehr – auch junge - Menschen heute diesen Weg wählen und ihn radikal und konsequent gehen.

Vernunft und Religionen

Welche Religionen gibt es auf der Welt? Von der Weltbevölkerung gehören 2016 etwa 32% zum Christentum, 23% zum Islam, 15% zum Hinduismus, 7% zum Buddhismus und 0,2% zum Judentum (Quelle: Bundesamt für politische Bildung – Stand 29. Sept. 2016).

Christentum und Islam (und Judentum) haben weitgehend die gleichen Glaubensquellen. Das Christentum baut auf dem Judentum auf (Schriften des Alten Testaments). Der Islam selbst baut auf den Schriften des Alten Testaments und auf den Schriften des Neuen Testaments von Jesus auf, wobei im Islam Jesus ein Prophet und nicht der Messias ist. Zu diesem Grundstock kommt nun nach Christus die Lehre des Propheten Mohammed hinzu, wie sie im Koran 610 n. Chr. niedergeschrieben ist.

Da die Bibel der Christen auch Grundlage des Islam ist, wird das Christentum von Mohammed zunächst sehr tolerant betrachtet. So schreibt er im Koran Sure 5,48 über die verschiedenen Religionen: „Für jeden von euch haben wir eine Richtung und einen Weg festgelegt. Und wenn Gott gewollt hätte, hätte Er euch zu einer einzigen Gemeinschaft gemacht. Doch er will euch prüfen in dem, was Er euch hat zukommen lassen. So eilt in den guten Dingen um die Wette. Zu Gott werdet ihr allesamt zurückkehren, dann wird Er euch kundtun, worüber ihr uneins waret." (Hubertus Hoffmann, Codes der Toleranz, Berlin 2014, S. 110).

Die Botschaft von Mohammed ist der christlichen zunächst ziemlich nahe. Im Pilgerzentrum Mekka versuchte er durch Predigten die Menschen von der Vielgötterei abzuhalten. Doch die Händler fürchteten um ihr Einkommen und vertrieben ihn mit Gewalt. Er fand schließlich Schutz beim christlichen König von Abessinien. Doch die Feinde von Mohammed ließen nicht locker. Schließlich boten sie über 100 Kamele für seinen Kopf. Darauf floh Mohammed ins Exil und schließlich nach Medina. Dort versammelten sich seine Anhänger und verdienten sich ihren Lebensunterhalt durch Überfälle auf Karawanen aus Mekka. Aus dem Propheten war ein Politiker und Krieger geworden, der schließlich im Jahre 630 mit 10 000 Soldaten nach Mekka zurückkam und es einnahm. (Hoffmann, 2014)

Ist der Koran noch - ebenso wie die christlichen Erzählungen über Jesus - weitgehend gewaltfrei, so kommen im Islam noch etwa 10 000 Erzählungen (Hadith) und Bräuche (Sunna) von Mohammed hinzu.

Wie diese Komponenten von Koran, Hadith und Sunna zu bewerten sind, ist umstritten. Es bildeten sich später verschiedene Glaubensrichtungen. Die größte Gruppe sind die Sunniten (von Sunna), gefolgt von den Schiiten, wobei sich die einzelnen Gruppen oft weiter aufspalten in verschiedene Gruppen, die von einzelnen Imamen geleitet werden.

Mehr als 53% der Weltbevölkerung gehört entweder einer christlichen oder islamischen Religion an. Die Religionen haben inzwischen erkannt, dass Weltfriede nur möglich wird, wenn sich die Religionen versöhnen und aufeinander zugehen. Hierbei haben es die Christen etwas einfacher, weil sie in der katholischen Kirche eine große, durchorganisierte Gemeinschaft haben (s.o.). Diese Gemeinschaft durch die Ökumene auszubauen und zu stärken ist für die Christen das Gebot der Stunde!

Doch auch die islamische Religion muss sich zusammenraufen und letztlich mit vereinter Stimme, der Stimme der Vernunft sprechen. Zu dieser Vernunft gehört auch, dass sie die friedliche Botschaft ihres Propheten im Koran eindeutig über kriegerische Einzelerzählungen stellt und sich noch radikaler von Predigern distanziert und trennt, die Hass und damit eine falsche Lehre verkünden.

Dass Gott auch in den Religionen des Islam, des Judentums, des Hinduismus und des Buddhismus zu finden ist, hat die Kirche bereits 1965 durch Papst Paul VI im Lehrdokument „nostra aetate" so ausgedrückt:

„Die katholische Kirche lehnt nichts von alledem ab, was in diesen Religionen wahr und heilig ist." (Artikel 4)

Die Betrachtung über den Islam beendet das Konzil mit großer Mehrheit am 28. Okt. 1965 mit der heute immer wichtiger wertenden Forderung: „ermahnt die Heilige Synode alle, das Vergangene beiseite zu lassen, sich aufrichtig um gegenseitiges Verstehen zu bemühen und gemeinsam einzutreten für Schutz und Förderung der sozialen Gerechtigkeit, der sittlichen Güter und nicht zuletzt des Friedens und der Freiheit für alle Menschen." (Artikel 3) (Paul VI, 1965)

Das ist nicht nur vernünftig, sondern auf Dauer für die Menschheit überlebenswichtig!

Glaube ist mehr als Vernunft

Zu zeigen, dass Glaube auch für den heutigen Menschen vernünftig ist, war das Ziel der bisherigen Betrachtungen.

Doch Glaube ist mehr als nur das kritische Betrachten der Realität. Mehr als nur die Erkenntnis, dass die wissenschaftliche Dimension der Realität nur ein Teil der Realität ist und dass zur Gesamtsicht auch das Religiöse dazu gehört. Zum Religiösen gehört im Christentum (aber auch in anderen Religionen) immer auch das Soziale. Dies zusammen führt zu einer Religionsgemeinschaft. Dass die katholische Kirche trotz ihres verbeulten Aussehens da eine vernünftige Wahl ist, wurde versucht zu zeigen.

Zum Glauben gehört aber auch das sich Einlassen auf die göttliche Dimension unseres Lebens. Diese Dimension muss erspürt, gehört und gesehen werden. Dazu gehört von den weltlichen Dingen zumindest ab und an etwas Abstand zu nehmen. In der Stille zu lauschen, im Betrachten eine neue Dimension sehen und im blinden Vorwärtstasten einen neuen Sinn zu entwickeln. Mit allen Sinnen allein, aber auch in der Gemeinschaft der Kirche sich auf die göttliche Dimension dieser Welt und der Menschen einzulassen, sich ihr hinzugeben, sich zu verschenken, um dann etwas zu erfahren, das all die Mühe leicht wieder aufwiegt, dies ist Glaube. Diesen Glauben wünsche ich Euch und mir.

Nachwort zur ersten Auflage

Mein Beruf an der Hochschule ermöglichte es mir, im Sommersemester 2017 ein Fortbildungssemester zu beantragen. Da ich gleichzeitig Ethikbeauftragter der Hochschule bin, traute ich mich, in diesem Semester der Frage nachzugehen, die mir auch von Studierenden immer wieder gestellt wird: „Ist Glaube heute noch vernünftig?"

Als Ort für die Studien habe ich mir den Campo Santo Teutonico in Rom ausgesucht. Dieser liegt mitten im Vatikan wenige Meter vom Petersdom entfernt und ist ein Priesterseminar in dem auch die Görres-Gesellschaft untergebracht ist. Hier habe ich drei Monate verbracht.

Bei meinen Recherchen durfte ich die Vatikanbibliothek benutzen. Dank hierfür Frau Dr. Grafinger für die Einführung in diese großartige, riesige Bibliothek. Gearbeitet habe ich jedoch meist in der Bibliothek der Pontificia Università de la Santa Croce in der Via dei Farnesi 83, da diese besser mit moderner Literatur ausgestattet ist und eine Forschungsabteilung zum Thema „Scienza e Fede (Wissenschaft und Glaube)", sowie „Markets, Culture and Ethics" besitzt. Eingeladen wurde ich unkompliziert von Prof. Dr. Philip Goyret, dem Dekan der Theologischen Fakultät der Universität Santa Croce. Andere kirchliche Universitäten in Rom hatten auf meine Anfrage meist nicht einmal geantwortet. Die Universität Santa Croce hat etwa 1500 Studierende, von denen etwa 50% aus Europa kommen. Sie steht unter der Trägerschaft von „Opus Dei". Sowohl Universität, als auch die Bibliothek sind gut organisiert, unbürokratisch und sauber. Die Mitarbeiter/innen haben mich alle sehr freundlich und hilfsbereit aufgenommen und meine fehlenden Italienischkenntnisse liebevoll ignoriert. Vielen Dank.

Das Leben drei Monate lang in einem Priesterseminar unter Männern gehörte mit zu meinem Experiment „Glaube und Vernunft". Derzeit gehören etwa 18 Männer aus Deutschland, Holland, Schweiz, Österreich, Italien, Kroatien, Polen und Mexiko dem Seminar oder dem

Görresinstitut an. Einige befinden sich in der Ausbildung zum Priester, viele machen das Lizenziat (Ausbildung zum Kirchenrechtler) mit Promotion oder eine sonstige Promotion, wieder andere sind in der Kurie am Vatikan beschäftigt oder als Professor an der Uni. Auch Gäste kamen in dieser Zeit vorbei. Meist jeden Donnerstag Kardinal Kurt Koch (Ökumene) zum Gottesdienst mit anschließendem Frühstück. Daneben waren u.a. Kardinal Gerhard Ludwig Müller (Glaubenskongregation), Bischof Franz-Peter Tebartz-van-Elst (Neuevangelisierung), Erzbischof Heiner Koch (Berlin), Vatikan-Botschafterin Annette Schavan, Italien-Botschafterin Susanne Marianne Wasum-Rainer und sogar für einen Blitzbesuch Angela Merkel in dieser Zeit im Campo Santo.

Nachdem ich bei den Kollegiaten von Rektor Dr. Hans Peter Fischer zunächst als Gast eingeführt wurde, hat sich mein Verhältnis in den drei Monaten meines Aufenthaltes weitgehend geändert. Aus dem Nebeneinander wurde meist ein Miteinander und irgendwann gehörte ich für viele einfach dazu. Aus dem anfänglichen vorsichtigen Abtasten wurde ein vertrautes, humorvolles Umgehen miteinander und ein sich näher kommen beim gemeinsamen Essen, bei Ausflügen, gelegentlichem Pizzaessen oder abendlichen Gelagen außerhalb der vatikanischen Mauern oder auf der Terrasse des Campo Santo.

Das Leben am Campo Santo ist vom Glauben her geprägt. Jeden Morgen ist um 7 Uhr (außer sonntags) Gottesdienst. Gemeinsames Tischgebet beim Mittagessen gehört ebenso dazu. So verschieden die Herkunftsorte, so unterschiedlich sind auch die Arten des Glaubens und des Lebensstils der einzelnen Bewohner und das ist gut so und macht die Einzelnen liebenswert.

Das Gebäude des Campo Santo Teutonico ist neben dem großen Petersdom nur unscheinbar klein. Es sind die Menschen, die darin wohnen, die ihm die Jahrhunderte hindurch seine wahre Größe geben haben. Mit beiden Beinen fest auf dem Grund der Wissenschaft und des Lebens zu stehen und gleichzeitig durch das Gebet, den Gottesdienst und das Leben seiner Bewohner auf einen Größeren zu verweisen, dies ist Aufgabe des Campo Santo und macht ihn und seine Bewohner so wertvoll.

Literaturverzeichnis

Aquin, T. v. (1934). *Summa Theologica, Band 5, Das Werk der sechs Tage.* Salzburg, Leipzig: Anton Pustet.

Associatin of Young Free Thinkers. (1965). *Cogres in Liège.* New York: Bantam Books.

Barr, S. M. (2003). *Modern Physics and ancient faith.* Indiana: Sherdan Books.

Barth, K. (1988). *Kirchliche Dogmatik, Band III/1.* Zürich: Theologischer Verlag.

Barzun, J. (1968). Vorwort. In S. Toulmin, *Voraussicht und Verstehen. Ein Versuch über die Ziele der Wissenschaft* (S. 1-4). Frankfurt.

Becker, P. (2009). *Kein Platz für Gott? Theologie im Zeitalter der Naturwissenschaften.* Regensburg: Friedrich Pustet.

Benedikt XVI, P. (2011). *Freiburger Rede.* Freiburg: https://w2.vatican.va/content/benedict-xvi/de/speeches/2011/september/documents/hf_ben-xvi_spe_20110925_catholics-freiburg.html.

Bischofskonferenz, D. (2019). *Zahlen und Fakten.* Bonn: http://www.dbk.de/zahlen-fakten/.

Brandmüller, W. (1970). *Der Fall Galilei.* Karlsruhe: Badenia Verlag.

Brecht, B. (1955). *Leben des Galilei*. Berlin: Suhrkamp Verlag.

catholika, E. (1993). *Katechismus der Katholischen Kirche*. München - Wien.

Dressing, H. (2016). *Studie: Sexueller Missbrauch an Minderjährigen durch katholische Priester, Diakone und männliche Ordensangehörige*. Internet: Deutsche Bischofskonferenz.

Dürrenmatt, F. (2015). *Die Physiker*. Zürich: Pro Litteris.

Erzbistum, B. (2017). *Homepage*. Berlin: http://www.erzbistumberlin.de/wir-sind/erzbistum-im-ueberblick/zahlen-und-fakten/.

Feynmann, R. (2017). *The Character of Physical Law*. Cambridge: MIT Press.

Franziskus, P. (2013). *Evangelii Gaudium*. Rom: http://w2.vatican.va/content/francesco/de/apost_exhortations/documents/papa-francesco_esortazione-ap_20131124_evangelii-gaudium.html.

Göcke, B. P. (2/2017). Theologie als Wissenschaft?! *Theologie und Glaube*, S. 113-136.

Hase, F.-W. v. (2014). *Hitlers Rache*. Holzgerlingen: SCM Hänssler im SCM.Verlag GmbH&Co. KG.

Hoffmann, H. (2014). *Codes der Toleranz*. Berlin: Herder Verlag.

II-Vat.-Konzil. (1965). *gaudium et spes*. Rom: www.vatican.va.

Jenkins, P. (2003). *The New Anti-Catholicism*. Oxford: Oxford University Press.

Jonas, H. (1979). *Das Prinzip Verantwortung: Versuch einer Ethik für die technologische Zivilisation*. Frankfurt am Main: Insel Verlag.

MGH-Studie. (2016). *Sexueller Missbrauch an Minderjährigen durch katholische Priester, Diakone und männliche Ordensangehörige im Bereich der Deutschen Bischofskonferenz (MGH Studie)*. Heidelberg, Mannheim Gießen: https://www.dbk.de/fileadmin/redaktion/diverse_downloa ds/presse_2016/2016-06_MHG_Projektvorstellung_Journalisten.pdf.

MHG. (2018). *Sexueller Missbrauch an Minderjährigen durch katholische Priester, Diakone und männliche Ordensangehörige im Bereich der Deutschen Bischofskonferenz*. Internet: Deutsche Bischofskonferenz.

Nancey Murphy, R. J. (2007). *Physics and Cosmology, Science Perspectives of the Problem of Natural Evil, Volume I*. Vatican City: Berkley.

Neher, P. (2015). *Von der entweltlichten zur verbeulten Kirche? Für eine diakonische Kirche in der Welt von heute*. Freiburg: http://docplayer.org/32078926-Vortrag-deutscher-caritasverband-e-v.html.

Paul VI, P. (1965). *Nostra aetate*. Rom:
http://www.vatican.va/archive/hist_councils/ii_vatican_co
uncil/documents/vat-ii_decl_19651028_nostra-
aetate_ge.html.

Petermann, T. (1985). *Ethik, Wissenschaft und Technik*. Köln:
Deutscher Instituts-Verlag.

Plüss, M. (2008). Das Genie & der Wahnsinn. *Der Tagesspiegel*.

Rahner, K. (1984). *Schriften zu Theologie*. Zürich: Benzinger.

Samuelson, P. (1972). Casuality and Teleology in Economics. In
P. Samuelson, *The Collected Scientific Papers* (S. 444).
Cambridge: MIT Press.

Sarah, R. (2017). *Quelle der Zukunft*. Herzogenrath.

Spieker, M. (1989). *Flucht aus dem Alltag - Arbeit, Wirtschaft
und Technik in den Schulbüchern des evangelischen und
katholischen Religionsunterrichts*. Köln: Deutscher
Instituts Verlag.

Stamatescu, I. (2004). Religiosität und naturwissenschaftliche
Erkenntnis. In I. D. Jörg Hübner, *Theologie und
Kosmologie* (S. 306-332). Tübingen: Mohr Siebeck.

Studie, M. (2018).

Sutleser, M. (30. Juni 2019). Auf den Punkt. *Katholisches
Sonntagsblatt, Diözese Rottenburg-Stuttgart*.

Whitehead, N. E. (2008). *Latest Twin Study Confirm Genetic Contribution To Same Sex Attraction Is Minor 10%.*

Zietlow, B. (3 2010). Sexueller Missbrauch in Fallzahlen der Kriminalstatistik. *BZGa Forum Sexueller Missbrauch*, S. 7-12.

Zeitfracht Medien GmbH
Ferdinand-Jühlke-Straße 7
99095 Erfurt, Deutschland
produktsicherheit@kolibri360.de